ラグビー日本代表
1301日間の回顧録

斉藤健仁

KANZEN

2011年12月末のことだった。2012年からラグビー日本代表ヘッドコーチにエディー・ジョーンズ氏が就任することが発表された。

「世界も日本も知る名将」は2019年に日本開催のワールドカップを控え、2015年ワールドカップで24年ぶりの勝利を目指す日本代表のヘッドコーチとしてこれ以上ない選択肢だった。

個人的にも「エディーなら何かしら、してくれるはず」という信念の下、4年間、全57試合を現地取材。エディーJAPANは、時には朝5時から4部練習を行い、海外への移動日ですら3部練習をやった日もあった。

そして2012年から日本ラグビーの歴史を次々に塗り替えた。テストマッチで11連勝を達成、世界ランキングは一時期、過去最高の9位まで上昇した。

2015年には宮崎をベースに120日間にわたる合宿も敢行。鍛えに鍛えてきた。そんな中で迎えたのがワールドカップだった。

予選プール初戦、日本ラグビー史上初めて優勝2回の南アフリカ代表と対戦。見事なラグビーを披露し、34－32で撃破。日本代表にとっては24年ぶりのワールドカップの白星となった。3勝1敗としながら、勝ち点差で準々決勝に進出できなかったが、20チーム中9位で帰国。2011年の就任会見で「トップ10に入る」といった指揮官の言葉は、まさしく現実となった。

本書は、エディー・ジョーンズHCの就任会見に始まり、2012年3月19日の初めてのエディーJAPANのメンバー発表から2015年10月12日の現地の総括会見までの1301日間、節目の試合を中心に監督や選手の肉声をピックアップし、「ブライトンの歓喜」につながる濃密な4年間を振り返った。

指揮官の熱意、プランニング、準備、何より選手たちが指揮官、コーチ陣を信じてハードワークしたからこそ、歓喜の瞬間を迎えることができた。それがこの本を通じて伝わればうれしく思います。

斉藤健仁

目次

第1章～第4章までは、2012年3月19日のメンバー発表会見から2015年10月12日の現地の総括会見までの1301日間、節目の試合を中心に著者が現地取材で入手した監督や選手の肉声をピックアップし、編集したものです。第5章はワールドカップ終了後に新たに追加インタビューを行い、収録したものです。本文中は敬称略とさせていただきました。

写真:斉藤健仁

第1章 2012年

◉2012年 ラグビー日本代表 試合結果

4月28日 ○日本87−0カザフスタン(@アルマトイ)
5月5日 ○日本106−3UAE(@レベスタ)
5月12日 ○日本52−8韓国(@城南)
5月19日 ○日本67−0香港(@秩父宮)
6月5日 ●日本19−25フィジー (@瑞穂)
6月10日 ●日本20−24トンガ(@秩父宮)
6月17日 ●日本26−27サモア(@秩父宮)
6月20日 ●日本(JAPAN XV) 21−40フレンチ・バーバリアンズ(@秩父宮)※
6月24日 ●日本(JAPAN XV) 18−51フレンチ・バーバリアンズ(@秩父宮)※
11月10日 ○日本34−23ルーマニア(@ブカレスト)
11月17日 ○日本25−22ジョージア(@トビリシ)
11月21日 ●日本(JAPAN XV)3−19バスク選抜(@ビアリッツ)※
11月25日 ●日本(JAPAN XV) 41−65フレンチ・バーバリアンズ(@ルアーブル)※
※非テストマッチ

◉2012年はこんな年

2011年のワールドカップで3敗1分に終わった日本代表の新指揮官にエディー・ジョーンズHCが就任した。ワールドカップ経験もさることながら、就任する直前の2年間はサントリーを率いて3つのタイトルを奪取。まさしく世界も日本も知る名将だった。

アタッキングラグビーを信条とするエディー・ジョーンズHCは、サントリーでも採用していた「アタック・シェイプ」という戦術と、それを支えるフィットネス、スキルを中心に落とし込んだ。同時に薫田真広アシスタントコーチがスクラムやセットプレーの強化にあたった。

「勝つ文化を作ろう」と臨んだシーズンだったが、世界と戦うためにはまだまだ課題は山積していた。

2011年12月26日 エディー・ジョーンズHC就任会見

2011年ニュージーランドで開かれた第7回ワールドカップ。ニュージーランド代表の伝説的WTBジョン・カーワンヘッドコーチ（以下HC）に率いられた日本代表は「最低2勝」を掲げて大会に臨んだ。

だが、フランス戦では善戦したものの、予選リーグで敗退。「どの試合もベストメンバーで臨む」（カーワンHC）と言いながら、実質的には2チーム制を敷き、ニュージーランド戦では主力を温存して大敗を喫した。一番のターゲットとしていたトンガ戦でも敗戦し、最終戦のカナダ戦では、試合途中までリードしていたが、最後の最後で追いつかれて引き分け。20年ぶりの勝利はお預けとなった。2007年の第6回ワールドカップもカーワンHCが率いていたが、日本代表は2大会連続の0勝1分3敗に終わった。

2019年には日本でのワールドカップ開催が決定している。そういう意味で2015年の第8回ワールドカップでは最低でも1勝はあげて、日本代表が世界でも戦える姿を見せなければいけなかった。

2011年12月26日、エディー・ジョーンズ氏が、2012年から日本代表のHCに就任すると発表された。「世界だけでなく日本も知る」名将だ。

２００1年にはブランビーズ（オーストラリア）をスーパーラグビー初優勝に導き、２００3年にオーストラリア代表の指揮官としてワールドカップ準優勝、２０１1年にはアドバイザーとして南アフリカ代表の優勝に貢献している。その後、サラセンズ（イングランド）の指揮をとりながら、サントリーサンゴリアスのアドバイザーを長らく務めた。２０１0年度にサントリーの監督に就任し、いきなり日本選手権優勝。さらに２０１１年度はトップリーグとの2冠に輝いた。

２０１2年1月からラグビー日本代表のゼネラルマネージャーに就任する元日本代表ＳＯだった岩渕健輔氏を筆頭に、日本ラグビー協会関係者は「（このタイミングで）日本にエディーがいたことは幸運だった」と口を揃えた。個人的にも、まさしくその通りだと思った。

12月26日、２０１0年から、サントリーを率いていたエディー・ジョーンズ氏（51歳・当時）が新しく日本代表のＨＣに決まり、記者会見が開かれた。

◎エディー・ジョーンズHC

まず始めにオファーをいただきエキサイティングな気持ちになりました。日本ラグビー協会のみなさん、サントリーのご理解に感謝したいと思います。私が最初にやらなければいけないのは勝つことです。

そして日本代表が勝って（世界ランキングで）トップ10入りすることです。それを達成するには日本人選手にあった日本のスタイルを作っていかなければなりません。

こういったものを確立してスコットランドやウェールズといった敵と戦っていかなければならない。それからたくさんの方が秩父宮ラグビー場に来て熱意をもって応援に来てくれる、そういったチームを作っていかなければなりません。

この先、非常に大きなチャレンジが待っています。日本ラグビーにはしっかりとした企業ラグビーによるリーグがありますし大学や高校の大会もそうですし、これからそこにいる選手たちをよく見て、なるべく早い段階で30〜40名の選手を探していき、育てていってワールドカップで戦える選手を鍛えていきたいです。選手たちを鍛えながら、どういった日本ラグビーをやっていくか、そこを浸透させていきたい。そういうことをやっていく4年間は、とてもエキサイティングなものだと思います。

――どんなラグビーをしたいのか？

日本スタイルに関して言えば、今、持っているものをどう発展させるか。具体的に挙げるならば、課題のセットピース（プレー）、テクニックの部分でどこよりも優れたチームになること、スマートなプレーをできるようになることなどは今、考えている点です。

あとボールを思い切り使っていくこと。女子サッカーのスウェーデン代表主将が（女子サッカーのワールドカップで優勝した）なでしこジャパンについて『1人の選手が動いたらチーム全体が動く』と言っていたようですが、ラグビー日本代表もそのようなイメージでプレーしたいです。要するに個々の強みがそのままチーム全体の強みになるように、ボールをクリエイティブに使っていく。常に自分たちが持っているゲームの流れを貫いていく。

さらに相手に対して、常に我々が何をしてくるのだろうと思わせるようにしたい。言っているだけでやるのはたぶん大変ですが、それをやろうというイメージは持っています。

目標は『トップ10』と言いましたが、そのためには（対戦する）すべてのゲームに勝っていく。これから3年間の準備期間をかけてチームを強化していくにあたり、たとえば秩父宮ラグビー場でスコットランド代表やウェールズ代表のようなチームと試合ができるくらいになって、勝っていく。彼らを走り回させて疲れさせせて、我々のラグビーをやる。おそらく日本でやるので6月にやるほうが我々に勝ち目があるかと思います。

２０１５年ワールドカップでは、たとえ相手がオールブラックスだとしても全試合に勝つことを掲げていく。言うことは簡単ですが、現実は違います。しかしそういう気持ちでいないと負けてしまうと思います。このターゲットを心に持って選手はやっていかないといけないし、選手やチームだけでなく日本ラグビーの関係者も同じ気持ちでいくことが大切です。


――選手選考について聞きたい。

ワールドカップで優勝するようなチームはメンバー合計で、６００キャップくらい必要で、ワールドカップで勝つチームになるには5～6年かけてコンスタントにテストマッチをこなしていくことが求められます。毎年10試合から15試合、経験値としては自分たちより強いチームと対戦していく。

当然、チームをバランス良く構成していくには、若い選手を引っ張っていくことができて指導できるような、ある程度経験のあるベテラン選手も必要でしょう。ですが、やはりターゲットとして2015年ワールドカップで本当に戦える選手を選んでいくには、若い選手が重要になってくると考えています。フィジカル、メンタル、スキル面で、我々の新しいラグビーを体現できる能力を持った選手でスコッドを作っていくことになると思います。

——2011年大会は外国出身選手が多かったが?

日本代表は日本人、もしくは日本のカラーを持ったチームでなければいけないと思っています。ただ、それは外国人選手を使わないというわけではありません。もし選ぶのであれば日本代表にマッチした選手でないといけない。おそらく自分の印象の中では、今、外国人選手で日本代表にフィットしているのは3~4人でしょう。

そういった選手が日本代表に選ばれる意味合いは、日本代表が勝っていくことにアシストしてくれるということです。最もポテンシャルを持った選手と考えるとおのずと日本人選手になっていくかと思います。

——2011年は2チーム制で臨んだことについては?

私は、絶対にそういった体制にはしません。ワールドカップはベストのチームで戦う大会です。4年に1回しかないチャンスなので、ベストのチームをぶつけていかないといけない。2チーム制で行こうとするなら層の厚さが必要であり、それができるのはオールブラックスくらいではないでしょうか？

――あらためて日本代表の指揮官を引き受けた理由は？

日本のラグビーに世界のどこの国よりもポテンシャルを感じたからです。世界ランキング（当時15位）で、日本代表より上位を見ると、日本の国内大会は本当に素晴らしい。有利な点があるというところに魅力を感じた。ポテンシャルを間違いなく生かせるようにしなくてはならない。

私は最近フィギュアスケートのファンになりました。常にＴＶでやっていますよね。なぜでしょうか？　なぜなら、それは日本人選手が勝つからです。人気スポーツになるためには勝つことが必要。私たちも勝たなければならない。

昨日、大学選手権の帝京大対同志社大を見ていました。特に同志社大ファンの方が多く、本当に情熱を持って応援していた。熱意あふれる情熱ある応援が大学ラグビーで常に見られると思うのですが、そういった大学ラグビーで見られる光景を日本代表にも持っていかないといけない。

新しい代表がトップリーグ、大学も日本代表の一部にしていかないといけない、という話があります。それが本当にできた時に、初めて日本ラグビーが一緒になってサポートしていく強い代表チームが築けるのではないでしょうか。早大ファンであれ、明大ファンであれ、同志社大のファンであれ、各大学のファンの方々が同じように日本代表チームを応援してくれる、そういったところを目指して努力していかないといけないと思います。

２０１２年3月19日
第1回メンバー発表会見

エディー・ジョーンズＨＣがサントリーを「2冠」に導き、有終の美を飾った日本選手権決勝の翌日の２０１２年3月19日、早速、日本代表の指揮官として4月から5月にかけて行われる「アジア五カ国対抗２０１２」に向けた、最初の日本代表メンバーを発表した。

キーワードは「ポテンシャル」と「キャラクター」だった。ポテンシャルとはもちろん、年齢に関係なく、２０１５年のワールドカップ本番まで成長できる可能性を持った選手という意味だ。

◎エディー・ジョーンズHC

（セレクションポリシーは）シンプルなことです。ベストな選手を選びました。今ベストでなくても、ポテンシャルとして今後ベストになる選手を選んでいる。ベストな選手を選択する、それ以外にセレクションポリシーはありません。

２０１５年のワールドカップに向かって経験ある選手と若い選手をバランスよく選んでいます。フィットネス、スピードも大事ですが、今回のメンバーに関してはキャラクターにこだわって選手を入れています。２０１５年にトップ10に入ることが目標で、そこへ導ける性格を持った選手たちです。自分としてもエキサイトしています。

――1キャップの廣瀬俊朗をキャプテンに選出した理由は？

東芝でも、昨年、（東日本大震災のチャリティーマッチとして行われた試合において）トップリーグ選抜でも素晴らしいキャプテンシーを発揮していた。性格的にも思慮深く、チームをまとめてくれると思い、彼を主将に選出しました。

――廣瀬主将だけでなくLO大野均、WTB小野澤宏時ら30代のベテラン選手を多く選出した理由は？

２０１５年まで彼らが残れる選手かはまだわかりません。ただ経験の高い選手にはやってもらいたいことがたくさんあります。練習の心構え、プレッシャーがかかった時にどのように反応するかなどを経験のある選手が若い選手に伝えてほしい。もちろん高いパフォーマンスを出して（２０１５年まで）残ってくれることも期待しています。

――高校生だったWTB藤田慶和を選出した理由は？

花園、７人制日本代表の活躍を見ました。人を抜く力があり、速い。ポテンシャルの高い選手だと感じ、ナショナルチームで早い段階で育成していきたいと思いました。今はベストではないですが、２０１５年に彼は成長し、世界指折りのWTBになる可能性がある。そういうポテンシャルある選手と経験ある選手を交えていって、チームを高めていくことがいいと判断しました。

――司令塔には小野晃征、立川理道と日本人選手を選んだ理由は？

ＳＯに関して小野、立川の２人ともポテンシャルが高い。今後スタイルを確立していく中で、ラン、パス、キックができ、フラットでも深くでもラインに入れる選手を選んでいます。あと判断ができる選手、コミュニケーションをとってプレーできる選手が必要です。２人は今後のテストマッチレベルでも十分にやっていける。ゲーム感覚もすばらしい。ボールを持った時の強さ、ラインを引っ張る力があります。最初のうちはちょっと我慢して彼らの成長を見守っていきたい。たとえばスコットランドの10番をいきなり日本代表に呼んでも、いきなり合うことはないかもしれない。日本代表の10番はアタッキングラグビーができることが必要で、そしてポテンシャルを見つけて、我慢して見守って、かつしっかりコーチングをする。またメンタル的なコーチングもしていきたい。２人を見守って日本のスタイルに合うようにしていきたい。

――どんなラグビーをしたいか？

とても攻撃的なラグビーをしたい。そのためにはたくさんのことをやっていく必要があります。早くスコッドを集めて、早くフィロソフィーを落とし込んでいきたい。キックよりボールキープして、スペースを作り、相手のディフェンスをコントロールして見応えあるラグビーをしたい。そして勝たないと魅力的なラグビーにならないので、まず勝ちたい。

2012年アジア5カ国に向けた最初のメンバー（3月19日時点）

（ポジション、名前、所属、キャップ数　※いずれも当時）

PR1長江有祐（リコー、0キャップ）
PR1畠山健介（サントリー、27キャップ）
HO　堀江翔太（パナソニック、17キャップ）
HO　有田隆平（コカ·コーラウエスト、0キャップ）
PR3山下裕史（神戸製鋼、8キャップ）
PR3坪井秀龍（中国電力、0キャップ）
LO4篠塚公史（サントリー、5キャップ）
LO4伊藤鐘史（神戸製鋼、0キャップ）
LO5大野均（東芝、54キャップ）
LO5真壁伸弥（サントリー、2キャップ）
FL6マイケル·リーチ（東芝、22キャップ）
FL6村田毅（NEC、0キャップ）
FL7桑水流裕策（コカ·コーラウエスト、0キャップ）
FL7橋本大輝（神戸製鋼、0キャップ）
NO8佐々木隆道（サントリー、6キャップ）
NO8望月雄太（東芝、0キャップ）
SH田中史朗（パナソニック、31キャップ）
SH日和佐篤（サントリー、10キャップ）
SO小野晃征（福岡サニックス、5キャップ）
SO立川理道（天理大学、0キャップ）
WTB11小野澤宏時（サントリー、68キャップ）
WTB11藤田慶和（東福岡高校、0キャップ）
CTB12田村優（NEC、0キャップ）
CTB12仙波智裕（東芝、0キャップ）
CTB13平浩二（サントリー、32キャップ）
CTB13中村亮土（帝京大学、0キャップ）
WTB14廣瀬俊朗（東芝、1キャップ）◎キャプテン
WTB14竹中祥（筑波大学、0キャップ）
FB五郎丸歩（ヤマハ発動機、11キャップ）
FB長友泰憲（サントリー、3キャップ）

不参加メンバー（3月31日発表）
HO堀江翔太（パナソニック）※NZのITMカップ挑戦のため
SH田中史朗（パナソニック）※NZのITMカップ挑戦のため
CTB平浩二（サントリー）※コンディションチェックにより辞退

追加メンバー（3月23日発表）
SH藤井淳（東芝、0キャップ）　※SH日和佐がスタッド·フランセの練習に参加

追加メンバー（3月31日発表）
HO木津 武士（神戸製鋼、6キャップ）
CTB森川 海斗（ホンダ、0キャップ）
SH内田 啓介（筑波大学、0キャップ）

変更メンバー（4月6日発表）
CTB中村亮土（帝京大学）※体調不良のため離脱

◇バックアップメンバー
PR1平島久照（神戸製鋼、27キャップ）
FL6堀江恭佑（明治大学、0キャップ）
FL7小林訓也（NTTコム、0キャップ）
NO8土佐誠（NEC、0キャップ）
WTB11羽野一志（中央大学、0キャップ）
WTB14彦坂匡克（筑波大学、0キャップ）
FB有賀剛（サントリー、16キャップ）

※負傷のために選考対象外となった選手
LO4マイケル·ブロードハースト（リコー、0キャップ）
LO5ジャスティン·アイブス（パナソニック、8キャップ）
FL6トンプソン ルーク（近鉄、37キャップ）
NO8ホラニ龍コリニアシ（パナソニック、20キャップ）
CTB12マレ·サウ（ヤマハ発動機ジュビロ、0キャップ）

エディーJAPAN代表選考の方針転換を余儀なくされた一戦

2012年6月20日 フレンチ・バーバリアンズ戦第1戦（秩父宮ラグビー場）

2012年の6月、エディー・ジョーンズHCの考え方を一新する出来事が起きる。

まず、エディーJAPANの初の大会はアジア5カ国対抗だった。4月28日アウェーのアルマトイで、初戦となるカザフスタン戦に臨んだ。アタッキングラグビーを披露して87－0で快勝し好スタートを切り、その後もUAE代表、韓国代表、香港代表を相手に危なげなく4連勝を達成。当然のように、アジアで優勝を飾った。5月の韓国戦前には、フランス留学から戻ってきたSH日和佐篤も合流し、アタッキングの精度は上がっていた。

6月に日本で開催されたパシフィック・ネーションズカップ（PNC）では、CTBにサントリーでも活躍したベテランのライアン ニコラス、前キャプテンのNO8菊谷崇を追加招集してスコッドの層を深める。さらに当時サラセンズの現役選手で、元イングランド代表主将のスティーブ・ボーズウィックをラインアウトのスポットコーチに招聘し、強化を進めた。

しかしこのＰＮＣでフィジー代表に19－25、トンガ代表に20－24、サモア代表に26－27と僅差だったものの3連敗を喫してしまった。ワールドカップの翌年ということで、さほど強いスコッドでもないのにも関わらず、アイランダー特有の大きなＦＷに接点でプレッシャーを浴びてアタッキングラグビーは機能しなかった。セットプレーでもプレッシャーを受け、さらにカウンターから個の突破力の前に屈した形であった。

エディーＪＡＰＡＮになってもＪＫ（ジョン・カーワン）時代同様に、アジアからＰＮＣへの壁の前に苦しんだ形となった。

さらに、サモア戦から中3日の6月20日、そして24日、日本代表は「ＪＡＰＡＮ ＸＶ」として東京・秩父宮ラグビー場で、フランスのリーグ選抜である「フレンチ・バーバリアンズ」と対戦することになった。フレンチ・バーバリアンズは、代表チームではないが、代表経験者も擁するフランスリーグで活躍する選手で構成されているプロ集団。スクラムもボール捌きのうまい選手が揃う相手に、若手主体で臨むことになった。

フレンチ・バーバリアンズの1戦目の試合後、エディー・ジョーンズＨＣは大激怒。まさか、ここまで名将が怒りを露わにするとは思ってもいなかった。そして、２０１２年秋から代表メンバーの選考に明らかな変化が見られるようになる。

◉フレンチ・バーバリアンズ戦第1戦　レビュー

サモア戦から中3日、日本代表は若手や試合出場機会が少なかった選手を中心に「JAPAN XV」としてフレンチ・バーバリアンズに挑んだ。

FWを見るとPR長野正和、HOは有田隆平、LO篠塚公史、FL村田毅、FL佐々木隆道、さらにBKにはSH藤井淳、WTB竹中祥、CTB仙波智裕、FB長友泰憲と与えられたチャンスを生かさなければいけない選手が多かった。

開始1分、ターンオーバーからボールをつながれ、あっさりトライを許してしまう。その後は、セットプレーで相手に圧倒され、マイボールはスクラム、ラインアウトもほとんどキープできず、8分にスクラムから再びトライを喫して0―12。その後、JAPAN XVは相手の反則で数的有利になり、連続攻撃を見せるが、ゴールラインが遠かった。

28分にはカウンターから再びトライを許し、JAPAN XVが1トライを返すものの、終了間際に再びトライを与えてしまい、前半だけで7―32と圧倒された。

ハーフタイム中、エディー・ジョーンズHCが激怒。奮起を促されたフィフティーンは後半1分にCTB田村優がトライ、その後も攻め続け、27分にNO8伊藤鐘史がトライを返して21－32。しかし反撃もここまで。38分にはPGを許し、ロスタイムにボールをつながれてトライを奪われ、12―40という大差で完敗した。

6月24日の第2戦は、ほぼ主力級のメンバーで臨んだが、相手の強力なセットプレーと老獪なボールつなぎに圧倒され18―51で敗北。日本代表の春シーズンは5連敗で終了した。

リポビタンDチャレンジ2012 第1戦

2012/06/20(水)秩父宮19:30

JAPAN XV		フレンチ･バーバリアンズ
21	7 前半 32	40
	14 後半 8	

T	G	PG	DG		T	G	PG	DG
1	1	0	0	前半	4	3	2	0
2	2	0	0	後半	1	0	1	0

		JAPAN XV			フレンチ･バーバリアンズ
FW	1	長野正和	FW	1	ヤニック･フォレスティエ
	2	有田隆平		2	ウィリアム･セルバ
	3	山下裕史		3	ラバー･スリマニ
	4	篠塚公史		4	マチアス･ロラン
	5	マイケル･ブロードハースト		5	ロマン･ミヨ･シュルスキー
	6	村田毅		6	イブライム･ディアラ
	7	佐々木隆道		7	ピエール･ラバダン
	8	伊藤鐘史		8	ダミアン･シュリー
HB	9	藤井淳	HB	9	ティエリ･ラカンプ
	10	小野晃征		10	カミーユ･ロペス
TB	11	竹中祥	TB	11	マービン･オコナー
	12	田村優		12	ギヨーム･ブセス
	13	仙波智裕		13	アンリ･シャバンシー
	14	廣瀬俊朗		14	ジュリアン･アリアス
FB	15	長友泰憲	FB	15	ベンジャミン･ラペイル
RESERVE	16	木津武士	RESERVE	16	マチュー･ボネロ
	17	坪井秀龍		17	アレッツ･イギニス
	18	真壁伸弥		18	ロビンス･チャレワチュー
	19	桑水流裕策		19	アントニー･クラーセン
	20	内田啓介		20	ロマン･トゥレ
	21	立川理道		21	ピエール･ベルナール
	22	五郎丸歩		22	ユーゴ･ボヌバル

◎フレンチ・バーバリアンズ戦第1戦に向けて

エディー・ジョーンズHC

この試合はテストマッチだと考えている。相手は22人のメンバーにフロントローを6人入れている。間違いなくスクラム、モールを多用して、ゲームがスローになったらピック&ゴーで前進を図る。通常のバーバリアンズのような、ファンタスティックなアタッキングラグビーをしてくるチームとは捉えていません。真っ向勝負で勝ちにくるでしょう。

そういう相手に勝つには、セットピースで均衡を崩さなければならない。これは日本代表にとってビッグチャレンジです。私は、スキルとフィットネスでは日本代表が上回れると思っています。ただしラグビーのベースはセットピース。そこをないがしろにしては、ゲーム自体が成立しません。我々はセットプレーでまだまだ成長しなければならない。大きくて重い相手に、テクニックと低さで上回らなければなりません。

キャプテンWTB廣瀬俊朗

確かにハードですけれど、それをクリアできたら、またタフになれるはず。今度の試合は新しいメンバーと一緒にやれるし、楽しみがあるのがいい。

竹中（祥）なんて、（年齢が）ひとまわり違いますからね（笑）。（竹中・長友泰憲と）バックスリーを組むのは初めてだし練習期間も少ないから、最初から100％のプレーはできないでしょうが、今の段階でのベストを尽くすことに集中すればいいと思っています。

◎フレンチ・バーバリアンズ戦第1戦を終えて

エディー・ジョーンズHC

非常にひどいパフォーマンスでした。まったくファイトしていなかった。前半はフィジカルでやりたい放題にさせてしまいました。セットピースも完全にやられました。選手の戦う姿勢というものに本当にがっかりした。選手選考について、今一度、考え直さなければならなくなりました。日本代表でプレーしたいのか疑問に思うようなパフォーマンスをしていた選手がいた。日本代表でプレーできるチャンスなら、若い選手は当然、相手をスマッシュするパフォーマンスをするはずなのに、ハーフタイムで私が教師のように、そのことを叱咤しなければいけなかった。それで後半はようやくスイッチが入りました。

どうしてでしょうか？　勝つ気があるのでしょうか。変えたいという気持ちがあるのでしょうか。だから選手を変えなければなりません。簡単なことです。こんなパフォーマンスを二度と繰り返すわけにはいかない。今日は勇敢さ、勇気というものが見えず、とても失望しました。これまで選手たちの努力している点は褒めてきました。だが、今日に関しては、完全に相手に負けた。自分がもし若い選手で、このような機会を与えられていたら持っている力をすべて出すでしょう。

だから選手選考をやり直します。勝つために、今までのポリシーを変えて、つまり外国人選手を使うことになるでしょう。

今日はひどい試合でした。こんなパフォーマンスをお見せした責任を痛感しお詫びしたい。本来ならもっと選手たちのパフォーマンスも引き出さなければならなかった。だが、今後はそれを変えていくことを保証します。

笑い事ではありません。日本のラグビーにとって深刻な問題です。本当に勝ちたいのであれば、身を削る思いでやるべきでした。相手がどのような戦いをするのかわかっていた。それなのに対応できないのであれば、私はここを去らなければならなくなるかもしれません。

——何人かの選手は今日がラストチャンスになったのか？

何人かの選手は現状が変わらない限り、もう2度と日本代表でプレーすることはないでしょう。それが現実です。相手がピック＆ゴーをしてきても誰もタックルをしない。タックルをしようという気持ちがなかった。成長しない限り、そういう選手を日本代表に選ぶことはありえません。

今いる選手を使ってインターナショナルなチームに成功させるか、または外国人選手を使う、2つのオプションがある状態です。

ワールドカップまで3年しかないので、素早く修正しなければなりません。

たとえば最後のスクラムで、本来ならば相手より低く行くはずが、相手より高く組んでしまった。勝つために何をしなければならないかというラグビーセンスがなかった。とにかく迅速にそのセンスを磨くことを選手たちに浸透させなければなりません。

私のミスです。日本でベストの若手を選んで、成長させようと思っています。ただ、もっと選手たちからリターンがほしかった。そこを期待しています。しかし、もし必要であれば今すぐここで私は辞めます。これはすべて自分の責任です。選手のパフォーマンスが自分の悪いコーチングのせいなら私が責任を取ります。あなたなら誰を選びますか？　6人のニュージーランド人を入れて勝てばいいですか？　そういう事をするべきでしょうか。（ジョン・）カーワン時代、外国人を使うことに不満を言う人は多かった。今はそれとは逆の路線で行っているが、どちらがいいのでしょうか。本当に試合でファイトする選手を見つけなければなりません。

――後半は修正されたと思いますが。

明らかに変わりました。これは日本の伝統です。ビッグゲームではいつも前半、負けていて、後半、うまく戦います。選手たちの闘志を変えなければならない。相手はジャージを掴んだり、腕を掴んだりしました。そこを振りほどいてでも勝つ姿勢を見せなければならない。いろんなアドバイスをもらって、日本でベストの選手を集めたつもりでした。それなのに選手たちの闘志がなかった。スイッチが入らなかったことは私の責任でしょう。

ひどかった。15人もいながら、自分の体を張ってプレーする選手がいなかった。これは自分の責任です。先程も申し上げたように、今すぐ辞任すべきならばそうします。私がふさわしくないというのであれば日本人の監督を見つけてほしい。

――過去の経験上、こういった試合後、どういうことをして結果を出してきたのか？

新しい選手を入れました。これ以上トレーニングをハードにできない、時間をかけられない、選手がゲームプランを理解できないのであれば、フィジカル面で戦える選手が必要なので、見つけなければならないかもしれません。

日本ラグビーには大きな問題があります。日本代表は過去ワールドカップでジンバブエ代表にしか勝てていない。20年勝っていません。力強さ、適応、アグレッシブさ、本当に変わらなければいけません。

ここまで言うのは本当に変わらなければならないからです。選手にそれがわかってもらえないのであれば、責任を取ります。選手たちがあれもできなかった、これもできなかったというのは取るに足らぬことです。最後の最後に選手たちはラインを上げようとしてきました。なぜ最初からできなかったのか。相手に恐怖心を感じていたのでしょうか。サッカーの日本代表チームは最初から闘志を出していましたが、日本のラグビーは最初から闘志を燃やしていくことができないチームでした。

フレンチ・バーバリアンズ戦を振り返って

2012年、エディーJAPANの最初の挑戦は、格下のアジアでこそ4連勝したものの、PNCとフレンチ・バーバリアンズ戦では5連敗で幕を閉じた。この後、エディー・ジョーンズHC自らも言っていたように選手のセレクションポリシーに変化があったのは明白だった。ジョン・カーワン前HC同様に、適材適所で外国人選手を起用するようになる。特に「（相手を止める）ストッピングパワーが必要」と、バックローとCTBには積極的に外国人選手を使い始めた。

2012年秋には秩父宮ラグビー場で、エディー・ジョーンズHCがマレ・サウと積極的にコミュニケーションを取っている姿も見た。サウは両親がサモア出身で、サモア代表からも声がかかり、もちろんニュージーランド代表にもなれた。また、個人的に「日本代表に呼ぶ可能性のある、外国人選手」だと思っていたNO8ヘイデン・ホップグッド、WTBカーン・ヘスケス、CTBティム・ベネットも次々に招集していった。さすがに2013年の春に「カンガルーズ」こと13人制のオーストラリア代表経験があり、ベテランの域に達していたCTBクレイグ・ウィングを呼んだときは驚きを隠せなかったが……。いずれにせよ、世界的名将のお眼鏡にかなう、タックル力の高い突破力のあるCTBは日本にはなかなかいなかったということだろう。

最初は「エディー・ジョーンズHCが選ぶ日本代表は日本人選手が多く、さすがサントリーの監督だったから、よく見ている」と思った。ただ代表監督になれば、当然ワールドカップを見据えて勝ちにこだわる姿勢を貫くことになる。日本人を鍛えて負けるより、外国出身選手に力を借りつつ、勝利するという方向にシフトチェンジしたというわけだ。

写真:斉藤健仁

一つのターニングポイント
ワールドカップへ大枠が見えた意義深い遠征

2012年11月

10日ルーマニア戦（ナショナルスタジアム）
17日ジョージア戦（ミヘイル メスキスタジアム）

エディーJAPANは、2012年の春シーズンの最後を5連敗しても、歩みを止めることはなかった。7月に菅平高原でキャンプを行い、自陣奥深くからどうやって脱出するかという「キックオプション」の練習に精を出した。そして9月もトップリーグの合間にミニキャンプを行うという徹底ぶりだった。

11月のウインドウマンス（代表月間）は欧州遠征へ出発した。エディー・ジョーンズHCが「毎年、秋は欧州に行きます」というのもうなずけた。なぜなら、2015年ワールドカップの開催地はイングランドであり、ヨーロッパで強豪と対戦するのに慣れておくことは大きな意味を持つからだ。

また春にはいなかった多くの頼れる選手が戻ってきた。NZのITM杯に挑戦し、2013年からのスーパーラグビー入りが決まったSH田中史朗、HO堀江翔太の2人。さらに、LOやバックローにはトンプソン ルーク、ホラニ龍コリニアシ、マイケル・ブロードハーストが入り、明らかにＦＷの選手層は増した。エディー・ジョーンズＨＣは、日本人の若手を我慢して育てるよりも、外国出身者に助けてもらうという考えに落ち着いたというわけだ。ただ、ＣＴＢのライアン ニコラスはスコッドに入らず、ＣＴＢ陣はまだ日本人であった。

11月はルーマニア代表、ジョージア代表、バスク選抜、春にも対戦したフレンチ・バーバリアンズと4連戦。この頃から明らかにワールドカップを意識していたことは明白だった。4チームともにスクラムが強く、3年後を見据えてスクラムを強化したい意図が伝わってくる。

そのスクラムを強化するために元フランス代表のＨＯマルク・ダルマゾをスポットコーチで招聘したところにも、エディー・ジョーンズＨＣの本気度合いが伝わってくる。ダルマゾを呼んだ理由は「フランス代表のＦＷは、体が小さくても大きな相手と対等に組んでいるから」ということだった。

２０１５年ワールドカップで日本代表を支えたのは、スクラムの強さだった。つまり3年間の強化が実を結んだのだ。

ただし当時の日本代表は、過去に25戦しても敵地で欧州勢には一度も勝利したことがなかった。エディーＪＡＰＡＮの歴史を変える第一歩がスタートした。

◉ルーマニア戦　レビュー

２０１２年11月10日、世界ランキング16位だった日本代表は、アウェーで18位の格下のルーマニア代表と対戦した。春のテストマッチと違い、ニュージーランドのＩＴＭ杯に挑戦していたＨＯ堀江翔太、スーパーラグビー入りが決まったＳＨ田中史朗も代表に復帰。さらにＬＯトンプソン ルーク、ＦＬヘンドリック・ツイ（当時）、ＦＬマイケル・リーチ（当時）、控えにはＮＯ８ホラニ 龍コリニアシ、ＦＬマイケル・ブロードハーストと力強い選手を揃えた。

序盤は互いにＰＧを決め合う堅い展開となり９－９。40分、日本代表がＰＧを決めて12－９とリードする。そのまま前半終了かと思われたが、カウンターからボールをつなぎ、最後はＣＴＢ立川理道が、左ライン際に残っていたＮＯ８菊谷崇にロングパスを送り、菊谷が左隅にトライ。日本が17－９とリードして前半を折り返した。

後半19分、スクラムでプレッシャーをかけられ、17－16と1点差に迫られる。だが、日本もＦＷを３人入れ替えて、すぐに反撃。29分、ゴール前のモールを再三押し込み、ペナルティートライを挙げて24－16と8点差に広げた。32分、今度は相手にスクラムからペナルティートライを与えてしまい24－23と再び1点差に迫られる。

勝負はどちらに転ぶかわからない展開の中、日本代表は春から鍛えてきたフィットネスを武器に、連続攻撃を見せて36分、最後はＷＴＢ小野澤宏時がトライ。さらにＰＧも決めて34－23で勝利。日本代表が初めてアウェーで欧州勢に勝利する記念すべき試合となった。

欧州遠征

2012/11/10(土)ナショナルスタジアム(ルーマニア)16:00

ルーマニア代表			日本代表
23	9 前半 17	14 後半 17	**34**

T	G	PG	DG		T	G	PG	DG
0	0	3	0	前半	1	0	4	0
2	2	0	0	後半	2	2	1	0

		ルーマニア代表			日本代表
FW	1	タンバ·ペトル	FW	1	長江有祐
	2	トゥラシビリ·オタール		2	堀江翔太
	3	プンジャ·ホラチウ		3	山下裕史
	4	ウルサケ·バレンティン		4	大野均
	5	シルベ·マリウス		5	トンプソン ルーク
	6	ルス·バシレ		6	ヘンドリック·ツイ
	7	ルカチ·ビオレル		7	マイケル·リーチ
	8	マコベイ·ミハイ		8	菊谷崇
HB	9	スルジウ·フロリン	HB	9	田中史朗
	10	フィリプ·アンドレイ		10	小野晃征
TB	11	ボテザトゥ·イオヌト	TB	11	小野澤宏時
	12	ガルミーニャ·チャバ		12	立川理道
	13	カザン·イオネル		13	仙波智裕
	14	レムナル·マドリン		14	廣瀬俊朗
FB	15	フェルク·カタリン	FB	15	五郎丸歩
RESERVE	16	ロドイ·アンドレイ	RESERVE	16	太田春樹
	17	バディリチェスク·ブラド		17	浅原拓真
	18	コステ·アリン		18	畠山健介
	19	マンタ·アレクサンドル		19	ホラニ龍コリニアシ
	20	ディアコネスク·グリゴラシュ		20	マイケル·ブロードハースト
	21	フロレア·イオヌト		21	日和佐篤
	22	ギャロ·コンスタンティン		22	田村優
	23	ボアール·ロモルス		23	有賀剛

◎ルーマニア戦を終えて

エディー・ジョーンズHC

フィットネスも良かったしアタックもうまくいきました。自分たちのやるプレーへの自信も見えました。欧州で初めて勝ててうれしかったです。だがスクラムはあまり良くありませんでした。スクラムは大きさではなく強さが必要です。現在、新しい組み方にチャレンジしています。世界トップ10に入るためには、スクラムで進化をしないといけない。ただ闇雲にハードワークしていても勝てません。戦術もタフさも必要です。今日の試合では選手たちの勇気が見られました。日本ラグビーの新しい歴史が作れたと思っています。

キャプテンWTB廣瀬俊朗

今日の試合は相手のペースになるところをよく我慢できたと思います。選手たちは自分たちがやろうとしていることをやってくれました。今までは接戦になっても、そこからまたトライなどでスコアされて、惜しくも勝てないという感じだったので勝利できて本当に良かったです。このチームで新しい一歩を踏み出すことができました。今日は喜んで、明日からジョージア戦に備えたいと思います。

LO大野均

ＰＮＣやトップリーグで戦っているのでＦＷ戦に不安はなかったです。（欧州遠征初勝利で）歴史を変えたという実感はありますね。エディーもあれだけ言っていたので、自分たちでも意識していましたし、勝てて良かったです。８年前にルーマニア代表と対戦した時も日本代表の優勢な時間がありましたが、モールやスクラムで負けました。今回は相手ＦＷからのプレッシャーに耐え切っての勝利で、８年前を知っている人間としては感慨深いですね。また62キャップとなりＦＷ陣で最多に並んだのですが、ＦＷに強いチームに勝てたのは本当に記念になりました。

SH田中史朗

楽しかったですね！　ＳＨとして判断することが多くて、めちゃくちゃしんどかったですが、日本代表で勝つのは、また欧州遠征では初めての勝利ということもあってうれしかったですね。今回はシンプルにやっていたので、問題なくプレーができました。スクラムにプレッシャーをかけられる中で、ＦＷがあれだけ走ってくれたので助かりましたね。エディーＪＡＰＡＮはチームディナーとかが頻繁にあるので、コミュニケーションをとる機会が多い。一つのチームとしてまとまりつつあります。それが今回の勝利に繋がりました。

◉ジョージア戦　レビュー

ルーマニア戦に続いて連勝を狙う日本代表は、11月17日、アウェーでジョージア代表と戦った。ジョージア代表は世界ランキングで1つ下の16位だが、2011年のワールドカップではアイルランド代表に10－14の接戦を演じた。特にFWが強く、この日も8人中7人がフランスリーグ（1部3人、2部4人）でプレーしている強力な布陣だった。

試合序盤は、ホームのファンに後押しされたジョージア代表が優勢だった。ハーフ団のキックで日本の陣地に攻め込み、スクラムや接点でプレッシャーをかけて反則を誘い、13分までにPGを決めて0－9とリードした。

20分頃になると、日本もボールをリサイクルして、徐々にペースを握り、まずFB五郎丸歩が2本のPGを決めて6－9とする。その後、相手のシンビンで数的有利となるとロスタイムにターンオーバーからボールをつなぎ、最後はWTB小野澤宏時が左隅にトライ。13－9と前半をリードして折り返した。

後半再び、ペースを握ったジョージア代表にPGを2本決められ13－15と逆転される。12分、さらにトライを許し13－22とリードを広げられた。だが、日本代表も落ち着いて攻めて、FB五郎丸がPGを3本決めて、32分に22－22と同点に追いつく。

ロスタイム、日本は粘り強いディフェンスを見せて、ターンオーバー。自陣からボールを継続して敵陣深くまで攻め込む。アドバンテージが出されている中、SO小野晃征がDGを決めて、そのままノーサイド。日本代表は25－22で見事に逆転勝利を収めた。

欧州遠征

2012/11/17(土)ミヘイル メスキスタジアム15:00

ジョージア代表		日本代表
22	9 前半 13 / 13 後半 12	25

T	G	PG	DG		T	G	PG	DG
0	0	3	0	前半	1	1	2	0
1	1	2	0	後半	0	0	3	1

		ジョージア代表			日本代表
FW	1	ダビド・ヒンチャガシビリ	FW	1	長江有祐
	2	シャルバ・マムカシビリ		2	堀江翔太
	3	ダビド・ジラキシビリ		3	畠山健介
	4	ギオルギ・ネムサゲ		4	大野均
	5	レバン・ダトゥナシビリ		5	トンプソン ルーク
	6	シャルバ・ストゥアシビリ		6	ヘンドリック・ツイ
	7	ビクトール・コレルシビリ		7	マイケル・リーチ
	8	マムカ・ゴルゴゼ		8	菊谷崇
HB	9	イラクリ・アブセリゼ	HB	9	田中史朗
	10	メラブ・カビリカシビリ		10	小野晃征
TB	11	アレクサンドル・トゥドワ	TB	11	小野澤宏時
	12	メラブ・シャリカゼ		12	立川理道
	13	ダビド・カチャラヴァ		13	仙波智裕
	14	イラクリ・マチュハネリ		14	廣瀬俊朗
FB	15	イラクリ・キアサシビリ	FB	15	五郎丸歩
RESERVE	16	イウリ・ナトゥリアシビリ	RESERVE	16	太田春樹
	17	ミヘイル・ナリアシビリ		17	浅原拓真
	18	ダビド・クブリアシビリ		18	山下裕史
	19	バフタン・マイシュラゼ		19	マイケル・ブロードハースト
	20	ギオルギ・ベカゼ		20	ホラニ龍コリニアシ
	21	ギオルギ・トゥヒライシビリ		21	日和佐篤
	22	ラーシャ・ハマラゼ		22	田村優
	23	テオドレ・ジブジブアゼ		23	有賀剛

◎ジョージア戦を終えて

エディー・ジョーンズHC

長く指導してきたが（試合終了間際の）DGで勝ったのは初めてです。自陣5メートルから選手たちは勇気を持って攻めてくれた。最終的に試合に勝てたことはラッキーでした。トップ10に向かっていくには、このようなプレーを安定して行う必要がある。またフィジカル面でも強くならなくてはいけません。今年は9試合テストマッチを行って6勝3敗だった。3敗も6点、4点、1点の点差だった。

――アウェーで欧州のチームに2連勝した。

ホーム&アウェーは関係ない。グラウンドで相手とプレーする心づもりですから。次の2試合はおそらく苦戦するでしょう。フランスのチームはセットピースに秀でており、次の相手のバスク選抜は世界で有数の激しいチームです。そことどのように戦うか、今から楽しみにしています。

キャプテンWTB廣瀬俊朗

遠征の目標だったテストマッチ2連勝を達成できて本当にうれしい。チーム全員が自分たちを信じてやってくれたことを誇りに思います。最後まで試合を粘り切れた理由は、みんなの

『何かを変えたい』という思い。２０１５年の世界トップ10入りへの道は半ばですが、先週に続いて大きな一歩です。自分たちのストーリーはまだまだ続くのでレベルアップしていきたい。

バイスキャプテンFB五郎丸歩

チームの目標のテストマッチ２連勝ができて良かったです。ＰＮＣは僅差で負けた試合が多かったが、ヨーロッパの試合では僅差で勝てました。今年最後のテストマッチを勝利で飾れたことは来年につながると思います。

WTB小野澤宏時

今日はみんなが頑張ったし、いいコミュニケーションがとれました。（前半終了間際に奪った）自分のトライはおまけです。今週、みんなでいい練習ができたおかげです。成功体験を得て、自信を持って次に進んでいけます。今日の試合に勝てたのも春、夏があったから。一歩一歩ですね。

SO小野晃征

終了間際に決めた勝ち越しＤＧは、最後にたまたまボールが転がってきて、タックルされそうだったので蹴りました。きれいに当たってど真ん中に入った時は、時間が止まった気がしました。勝てて良かったたし、自分のパフォーマンスもしっかり出せました。

初の欧州遠征を振り返って

初の欧州遠征でテストマッチ2連勝。しかもアウェーで欧州勢を初めて倒した。ルーマニア代表に勝利した瞬間、エディー・ジョーンズHCは目を赤くしていた。春からの連敗を止めたこと、そして歴史的勝利に感極まっていた。その勢いのまま、ルーマニアより強いジョージア代表も倒した。スクラム、モールはまだまだ課題だったが、4月から走り込んで来たフィットネス、そしてアタッキングラグビーが光った。

多くの選手がエディーJAPANの4年間を振り返った時、「ターニングポイントの一つになった」「敵地で初めて欧州勢に勝利してうれしかった」と、この遠征の試合を挙げていたこともうなずける。やはり、勝利は大きな自信につながる。

その後JAPAN　XVとして戦ったバスク選抜戦は3－19、フレンチ・バーバリアンズとのリベンジマッチは41－65で敗れた。だが、アウェーでの対戦ということを加味すると、6月よりも日本代表のレベルが上がっていることを実感できた戦いとなった。スクラムも途中までは対等に組めるなど、練習は嘘をつかないことを証明した。

また遠征前にスーパーラグビー入りが決まったSH田中史朗、遠征中にスーパーラグビー入りが決まったHO堀江翔太の2人の存在感の大きさも際立っていた。

2015年に戦えそうな選手も育ってきた。実力ある選手も、努力を怠らない。アタッキングラグビーを貫きつつ、セットプレーの強化をしていけば、世界と戦えるのでは……。2015年のワールドカップに向けてエディーJAPANの大枠が見えてきた、意義深い遠征だった。

写真:斉藤健仁

２０１２年12月3日　２０１５年ワールドカップ、プール組み合わせ決定

12月3日、２０１５年ワールドカップのプール組み合わせが決まった。２０１４年に日本代表がアジア予選を1位で通過すればプールBに入り、南アフリカ代表、サモア代表、スコットランド代表、アメリカ予選（カナダ代表かアメリカ代表が有力）と対戦することになった。

◎エディー・ジョーンズHC

スバラシイ！（日本語で）　まず予選を通過しないといけません。とある選手と話したら組み合わせを見て『興奮している』と言っていました。南アフリカとプレーする素晴らしいチャンスがあります。サモア代表は6月に負けた相手ですが、私たちはまだまだ改善できます。スコットランドはラグビーに対して誇りを持った国です。アメリカ予選はカナダ代表かアメリカ代表となるでしょう。

スクラムとストレングスを改善すれば、日本にも勝つチャンスが回ってくるでしょう。すべての試合で勝てない理由はありません。それでも（勝つことは）難しいことですが、それにチャレンジしていきます。これから日本代表に選ばれた選手たちは、こういったチームと対戦すること

を念頭において、『勝つ』と思ってプレーしてほしい。

2015年ワールドカップまで30試合ありますが、すべての試合はワールドカップで勝つために関わってきます。南アフリカ代表やサモア代表の体が大きくてフィジカルの強いチームに対して戦えるように準備していきたい。我々はボールを動かす自分たちのスタイルを貫かなくてはなりません。

ワールドカップは世界最高のチームと対戦する場です。強いチームとの対戦をためらってはいけません。2試合に勝とうとすることは、2試合に負ける、ということ。世界のトップ10に入るという目的のためには、すべての試合に勝つつもりで臨まなければならないのです。

2012年12月6日 2012年総括会見

2012年12月6日、東京・日本ラグビー協会で、エディー・ジョーンズHCにより、11月の日本代表欧州遠征帰国会見が行われた。

◎エディー・ジョーンズHC

テストマッチで2勝がターゲットでした。欧州で初めて欧州のチームに勝つという歴史を築き上げることができました。目標を達成できて満足のいくツアーでした。

2015年ワールドカップに向けて、チームに伸びシロを感じました。そしてインターナショナルレベルのラグビーをするマインドセット（心構え）を感じた。そして選手一人ひとりに世界のトップ10に入るという信念が芽生えました。

また個々の選手が世界においてどのレベルにいるかというベンチマークも探すことができました。（だから）今回のツアーはポジティブな内容で終えることができました。

——最終戦のフレンチ・バーバリアンズに41－65で敗戦した。

6月の対戦時と比較すれば、日本が勝つ可能性を感じることができました。だがインテンシティー（強度）の部分で80分もたせることができませんでした。

――2012年シーズンの総括を。

テストマッチで9戦中6勝できました。3敗も6点、4点、1点差です。どのようにすれば世界のトップ10に入れるかというクリアな道筋が見えました。ただ2つの点は向上させないといけません。

1つ目がスクラムです。テクニックと戦術を今後、改めないといけません。現実を考えるとルーマニア戦（34－23）は30点差つけてもおかしくなかったが、スクラムが良くなかったために、相手に踏ん張る時間帯を与えてしまった。スクラムに関して明確に取り組んでいかないといけない。もう1つは選手たちの筋力、ストレングスレベルを上げることです。特にタイトファイブ（FW前5人）は、インターナショナルレベルで戦える体を作らないといけない。3年間、きちんとしたプログラムで栄養のある食事をとらせていきます。それができれば、ルーマニア代表やジョージア代表相手に20点差、30点差をつけて勝てるようになるでしょう。

選手たちのプレーにはプライドを感じています。15日で4試合と本当にタフなツアーで、選手たちは成長の度合いを見せてくれました。本当に今は日本ラグビーにとって重要な時期です。まだまだ（2015年ワールドカップまで）道のりは長いですが、日本のラグビーコミュニティーのアシストの下、スクラムとストレングスを改善できれば、今までにない日本代表が見られるでしょう。

写真:斉藤健仁

第2章 2013年

◉2013年 ラグビー日本代表 試合結果

4月20日	○日本121−0フィリピン（@レベスタ）
4月27日	○日本38−0香港（@香港）
5月4日	○日本64−5韓国（@秩父宮）
5月10日	○日本93−3UAE（@ドバイ）
5月25日	●日本17−27トンガ（ニッパ球）
6月1日	●日本8−22フィジー （@ラウトカ）
6月8日	●日本18−22ウェールズ（@花園）
6月15日	○日本23−8ウェールズ（@秩父宮）
6月19日	○日本16−13カナダ（@瑞穂）
6月23日	○日本38−20アメリカ（@秩父宮）
11月2日	●日本6−54ニュージーランド（@秩父宮）
11月9日	●日本17−42スコットランド（@エディンバラ）
11月12日	●日本（JAPAN XV）5−40グロスター （@グロスター）
11月15日	○40−13ロシア（@コルウィンベイ）
11月23日	○40−7スペイン（@マドリード）

◉2013年はこんな年

2年目のエディーJAPANは、まだ雪の残る菅平高原でスタートした。アタックの精度をより上げることはもちろん、フィジカルとスクラムの強化をテーマに掲げられた。

6月にはウェールズ代表と対戦して金星。この試合は、日本ラグビー史上初めてホームユニオンのチームに勝利し、エディーJAPANになってからも、初めてのティア1（おおよそ世界ランキング10位以内の強豪）から白星を奪取した歴史的な試合となった。

しかし10月にエディー・ジョーンズHCが軽い脳梗塞を発症し、療養に専念。指揮官不在の中での欧州遠征では強豪国に敗れたが、2年目に選手たちが掲げていた「誇りを持てるチーム」になりつつあった。

２０１３年2月27日春シーズン日本代表メンバー発表会見

２０１３年2月27日（水）13時から東京・青山にある日本ラグビー協会にて、エディー・ジョーンズHCより「ＨＳＢＣアジア五カ国対抗２０１３（以下Ａ５Ｎ）」並びに「ＩＲＢパシフィック・ネーションズカップ２０１３（ＰＮＣ）」の日本代表メンバー41名（ＦＷ24名、ＢＫ17名）が発表された。

過去に代表歴があるが「エディーＪＡＰＡＮ」として平嶋久照（神戸製鋼）、湯原祐希（東芝）、ジャスティン・アイブス（パナソニック）、遠藤幸佑（トヨタ自動車）の４名が初めてメンバー入り。日本代表としては三上正貴（東芝）、安井龍太（神戸製鋼）、吉田光治郎（トヨタ自動車）、マレ・サウ（ヤマハ発動機）、13人制ラグビーのオーストラリア代表で16キャップを持つクレイグ・ウィング（神戸製鋼）の５人が初選出された。スーパーラグビーに挑戦中の堀江翔太（パナソニック）、マイケル・リーチ（東芝）、田中史朗（パナソニック）の３人は6月から合流予定。

◎エディー・ジョーンズHC

今日の41名に、明日発表される30名（ジュニア・ジャパン）が、２０１５年、２０１９年に中核になっていくメンバーです。２０１５年に世界トップ10、２０１９年に世界トップ８入りを目指してやっています。実際に、（ティア２から）これを成し遂げた国はアルゼンチン代表だけです。アルゼンチン代表は12年かかりましたが、私たちは3年間でやろうとしています。（２０１５年まで残りの）テストマッチは35試合、練習はきっと３００日間、一分一分がすべて価値のある勝負の時間です。

今回はまず41名ピックアップしました。今までの経歴、現在の状態、２０１５年に活躍できるポテンシャルを持った選手たちです。明日発表するジュニア・ジャパンの30名は、それぞれのリーグ戦で好パフォーマンスを発揮している選手か、シニアスコッドに上がってこられる選手を選出しました。

41人中９名がキャップを持っておらず、20人が20キャップ以下です。ワールドカップで結果を残すためにはトータルで５５０キャップが必要です。今後のテストマッチで２０１５年ワールドカップのメンバーを決めていきます。

去年の日本代表にはフィジカルとセットピースが欠けていました。今年はこれらのベースを上げていくことが必要ですし、そうすれば２０１５年に私たちが望む結果につながります。

今からシーズンが始まりますが、楽しみです。最初のターゲットはＡ５Ｎで優勝すること。この大会を使って（選手たちの）キャップ数を増やしていきます。そしてＰＮＣの優勝も目指しています。ウェールズ戦の対策として、レスリング的な練習も怠らないようにしたいと思います。

2013年　春シーズンの日本代表メンバー41名(2月27日現在)

(ポジション、名前、所属、キャップ数　※いずれも当時)

FW:24名
PR1長江有祐(リコー、9キャップ)
PR1平島久照(神戸製鋼、27キャップ)
PR1三上正貴(東芝、0キャップ)
PR1吉田康平(トヨタ自動車、0キャップ)
HO堀江翔太(パナソニック、19キャップ)※
HO湯原祐希(東芝、9キャップ)
HO青木佑輔(サントリーサンゴリアス、22キャップ)
HO木津武士(神戸製鋼、14キャップ)
PR3畠山健介(サントリー、36キャップ)
PR3山下裕史(神戸製鋼、15キャップ)
PR3浅原拓真(東芝、0キャップ)
LO大野均(東芝、63キャップ)
LO北川俊澄(トヨタ自動車、41キャップ)
LO伊藤鐘史(神戸製鋼、7キャップ)
LOトンプソン ルーク(近鉄、39キャップ)
LO真壁伸弥(サントリー、9キャップ)
FLヘンドリック・ツイ(パナソニック、4キャップ)
FLマイケル・ブロードハースト(リコー、2キャップ)
FL安井龍太(神戸製鋼、0キャップ)
FLマイケル・リーチ(東芝、28キャップ)※
FLジャスティン・アイブス(パナソニック、8キャップ)
FL吉田光治郎(トヨタ自動車、0キャップ)
NO8菊谷崇(トヨタ自動車、53キャップ)
NO8ホラニ龍コリニアシ(パナソニック、22キャップ)
BK:17名
SH田中史朗(パナソニック、33キャップ)※
SH内田啓介(筑波大学2年、2キャップ)
SH日和佐篤(サントリー、17キャップ)
SO小野晃征(サントリー、14キャップ)
SO田村優(NEC、3キャップ)
SO中村亮土(帝京大学2年、0キャップ)
WTB11小野澤宏時(サントリー、76キャップ)
WTB遠藤幸佑(トヨタ自動車、41キャップ)
CTB立川理道(クボタ、9キャップ)
CTB仙波智裕(東芝、9キャップ)
CTBクレイグ・ウィング(神戸製鋼、0キャップ)
CTBマレ・サウ(ヤマハ発動機、0キャップ)
WTB今村雄太(神戸製鋼、33キャップ)
WTB廣瀬俊朗(東芝、10キャップ)
WTB山田章仁(パナソニック、0キャップ)
FB五郎丸歩(ヤマハ発動機、20キャップ)
FB有賀剛(サントリー、18キャップ)
※スーパーラグビー挑戦中

追加招集
WTB福岡堅樹(筑波大学2年、0キャップ)　※4月10日
WTB藤田慶和(早稲田大学2年、1キャップ)　※4月21日

歴史的金星が、南アフリカ戦の勝利へつながった

２０１３年６月15日 ウェールズ戦第２戦

（秩父宮ラグビー場）

もしウェールズ代表に連敗していたら、エディー・ジョーンズＨＣは辞めていたかもしれない。指揮官だけでなく、岩渕健輔ＧＭもそれくらいの覚悟で試合に臨んでいた。

２０１２年９月に、２０１３年の欧州王者ウェールズ代表との試合が決まってから、常にチーム内でもターゲットにしてきた相手である。ホームで対戦することだけでなく、負けられない理由があった。しかも来日したウェールズ代表は、ブリティッシュ＆アイリッシュライオンズのオーストラリア遠征のため、主力15人が抜けた若手中心のメンバー構成だったからだ。

２０１２年秋のテストマッチ２連勝の良い流れから、さらなる強化のために４月から合宿を行い、危なげなくアジア勢には４連勝を達成した。ただ例年のように、５月25日からスタートした「ＰＮＣ（パシフィックネーションズ・カップ）」の壁にぶち当たる。トンガ代表にはフィジカル勝負で圧倒され17－27で敗戦。さらに６月１日、フィジー代表にもアウェーで８－22と敗れてし

まう。

しかも、この試合でケガから復帰したばかりのFLマイケル・リーチ（当時）が、左足首脱臼骨折という重傷を負い戦線離脱。フィジー戦後、指揮官は「一番教えていない選手（リーチ）が一番いいプレーをしていた」と怒りを露わにしていた。

このまま負けが込めば、エディー・ジョーンズHCが標榜するスタイル、指導方法に疑問符がつき始めることは必至だった。

ただ6月から、崖っぷちのエディーJAPANに、指揮官が「日本の一番の選手」と評価するスーパーラグビー組の2人、SH田中史朗とHO堀江翔太が復帰した。特にこの年の田中はプレー時間も多く、絶好調だった。

そして6月8日、花園ラグビー場に世界ランキング15位の日本代表は、5位のウェールズ代表との第1戦を迎えた。指揮官だけでなく選手たちも危機感を募らせ、集中力は高まっていた。またスーパーラグビー組2人の合流がチームに勢いを与え、トンガ戦、フィジー戦とは見違えるような試合を見せて大接戦を演じた。18－22で敗戦したものの、もう少しで勝てそうだったことは明白だった。その期待感の中、6月15日の第2戦は、実数集計となった2004年以来、国内の日本代表戦としては最多の21062人の大観衆を集め、試合はキックオフされた。

◉ウェールズ戦第２戦　レビュー

夏を思わせるような蒸し暑い天候の中で、前半早々から相手にボールキープされる時間が続く。だが「（先週よりも）コミュニケーションを取って、考えてプレーできるようになった」（ＳＨ田中史朗）と、一人が抜かれても、しっかりと他の選手が戻るなど粘り強いディフェンスを見せてゴールラインを割らせなかった。またＳＯ立川理道と、ＦＢ五郎丸歩がしっかりとキックでゲームコントロールしたことも功を奏した。

前半14分に日本代表はＦＢ五郎丸歩がＰＧを決めて３－０と先制。その後は互いにＰＧを決め合って日本代表が６－３とリードして前半を折り返した。

後半４分、相手にモールから崩されて、トライを献上、６－８と逆転される。それでも廣瀬主将は落ち着いていた。「しっかりとエリアを取りつつ、ボールをキープしたら自分たちのペースになる」。その言葉通り、８分、連続攻撃から、最後はＳＨ田中が外に振ってＣＴＢクレイグ・ウィングが体の強さを見せて右隅にトライ（13－８）。19分にはラインアウトからボールを継続し、15次攻撃目でＳＨ田中から大きく展開し、最後はＦＬマイケル・ブロードハーストにわたり右隅にトライ。ＦＢ五郎丸が難しい角度のゴールを決め20－８とした。

残り20分、日本代表は相手に決定的なチャンスを与えない。すると36分、相手の反則から得たＰＧをＦＢ五郎丸が落ち着いて決めて23－８。結局、そのまま守り切って日本代表が勝利。13戦目にしてウェールズ代表を倒す歴史的快挙を達成した。

リポビタンDチャレンジ2013 第2戦

2013/06/15(土)秩父宮14:02

日本代表		ウェールズ代表
23	6 前半 3	8
	17 後半 5	

T	G	PG	DG		T	G	PG	DG
0	0	2	0	前半	0	0	1	0
2	2	1	0	後半	1	0	0	0

		日本代表			ウェールズ代表
FW	1	三上正貴	FW	1	リース・ギル
	2	堀江翔太		2	エミール・フィリップス
	3	山下裕史		3	スコット・アンドリュース
	4	大野均		4	ブラッドリー・デービス
	5	伊藤鐘史		5	ロウ・リード
	6	ヘンドリック・ツイ		6	ジェームズ・キング
	7	マイケル・ブロードハースト		7	ジョシュ・ナビディ
	8	菊谷崇		8	アンドリース・プレトリアス
HB	9	田中史朗	HB	9	ロイド・ウィリアムズ
	10	立川理道		10	ダン・ビガー
TB	11	福岡堅樹	TB	11	トム・プライディー
	12	クレイグ・ウィング		12	ジョナサン・スプラット
	13	マレ・サウ		13	オーウェン・P・ウィリアムス
	14	廣瀬俊朗		14	ハリー・ロビンソン
FB	15	五郎丸歩	FB	15	リーアム・ウィリアムズ
RESERVE	16	木津武士	RESERVE	16	スコット・ボルドウィン
	17	長江有祐		17	ロドリー・ジョーンズ
	18	畠山健介		18	クレイグ・ミッチェル
	19	真壁伸弥		19	アンドリュー・クームズ
	20	ジャスティン・アイブス		20	ダン・ベイカー
	21	日和佐篤		21	タビス・ノイル
	22	田村優		22	リース・パッチェル
	23	藤田慶和		23	ダフィッド・ホーウェルズ

◎ウェールズ戦第2戦に向けて（6月13日メンバー発表会見）

エディー・ジョーンズHC

1戦目、日本は勝てるポジションについたのですが、うまさを出せなかった。2戦目は立ち上がりを良くして、チームとして最初から真っ向勝負して勝ちにつなげたい。ウェールズ代表は1戦の後半のような試合をしてくると思っています。今週は良い準備ができました。土曜日は楽しみにしています。

（廣瀬キャプテンに対して）キャプテンとしてチームに勝ちをもたらしてほしいと思います。大きな試合では一貫性がなくなり苦戦する時もあるが、廣瀬にはそういった時間を感じたら、持ちこたえてほしい。そしてボールを持っていない時でもワークレイトを高く保ち、ボールキャリアだけでなくクリーンアウトもたくさんしてほしい。

キャプテンWTB廣瀬俊朗

久々にこの場に立ててすごくうれしいです。試合がようやく来るということで興奮しています。前の試合（18－22）は4点差で負けてしまったので、（今回は）勝ち切る覚悟を持って戦いたい。またリーダーとしてみんなのベクトルを一つにしたいと思います。プレーとしては人よりも動いて、声を掛けてみんなが居心地よく動けるようにしていきたい。（個人的には）久しぶりの試合ですが、自分の仕事をしっかり果たしたい。

◎ウェールズ戦第2戦を終えて

エディー・ジョーンズHC

本当にチームを誇りに思います。今日、歴史を築き上げました。ウェールズがベストプレイヤー15人を欠いていたことは十分承知していますが、日本代表として世界トップ10のチームに初めて勝つことができました。今日は本当に良いテストラグビーができました。チームとして今日の勝利を糧に進んでいきたい。この勝利が、今後もハードワークをする助けになるでしょう。選手に対しておめでとうと言いたい。そしてキャプテンは素晴らしく、チームをリードしてくれました。また今日は2万を超えるファンが見に来てくれた。それも日本ラグビー界にとって素晴らしいことです。こうやって前進していくことが私たちの責任だと思います。

キャプテンWTB廣瀬俊朗

先週に続いて、すごい大観衆の中でプレーできたことが幸せです。今週は勝利でその思いに応えたいと思っていました。それでもまだ1勝です。

ピッチ内のコミュニケーションについてはPNCの時から足りていない感じがありました。

フミ（田中史朗）とショウタ（堀江翔太）が加わったことにより、選手同士でいろいろと話し合って、レベルアップしてきた。それが力として出せました。ここまで苦しんだ分、今日、まとまったと思います。やっと結果として出てきましたから、また頑張れます。まだまだ理想とするレベルには到達していないので、引き続きみんなとコミュニケーションを取り続けていきたい。

バイスキャプテンFB五郎丸歩

自分の仕事ができました。ヨーロッパ遠征も経験してきましたから、緊張はないですね。今日は倍くらい蹴れました。いつもはJP（ジョン・プライヤー）に止められますけど、今回の調整は自分の思い通りにできました（笑）。（今の日本代表は）力はありましたけど結果を残せていなかったので、チームとしてウェールズ代表に勝てたというのは大きなことだと思います。（勝利は）奇跡ではなく、実力なので、それを証明できたのが良かったです。

PR畠山健介

コミュニケーションがよくとれてきています。（スクラムは）エリアやその場その場の状況で変わってきますが、今日のウェールズ代表には若手中心だったということもあり、いいスクラムが組めました。これから（上位の）チームと、どうスクラムを組むことができるか。今日の勝利に一喜一憂することなく、いい準備を継続していきたいです。

HO堀江翔太

うれしいですね。同じ相手に挑んでまた勝つのは難しいですが、僕らも調整して勝つことができた。勝てて反省できます。僕もそうですがみんな成長できているのかなと思います。コーチ（＝マルク・ダルマゾ）に『試合に出たら、スクラムは決まったことがないので、どんどん話し合って変えていけ』と言われていました。攻めている時に、迷う場面が見られたので、そこは修正していきたいです。今回のウェールズ代表は1本目（1軍）ではないので、どんどん上を目指して毎練習、毎試合、強くなっていきたい。

LO大野均

勝って、新しい歴史が作れたと思います。本当にうれしく思っています。（後半、ウェールズ代表の選手とファイトをする場面に対して）過去2004年、2007年にウェールズ代表と対戦しましたが、そういう部分で負けたら勝負にならないと感じていたので。イングランドから来てくれたスティーブ（・ボースウィック）コーチにも『（ああいう場面では）絶対に引くな！』と言われていました。ダルマゾコーチも『スクラムは男と男の戦いだ』と言っていましたね。

2004年から一緒に戦っていた箕内（拓郎）さんからも連絡をいただいて、先週の試合も見てくれていたようで『前半からジャパンウェイで走り込んで、後半、ウェールズ代表の首根っこつかんで、最後刈り取るような試合をしてほしい』とエールをもらっていました。今日はいい試合を見せることができました。

LOマイケル・ブロードハースト

今日の勝利はとてもうれしいです。日本ラグビーの歴史を作れました。今日はスクラムとディフェンスがとても良かった。チームはどの試合でもいつも同じ気持ちで戦っていますが、直近の2戦はいいところで試合を落としてしまいました。ですが練習でもいいマインドセットで臨めていました。第1戦での負けが、今日のステップアップにつながりました。これからも同じ気持ちで試合をすることで、さらに勝利することができる。もっともっと勝利することで多くの方がスタンドに足を運んでくれると信じています。

SH田中史朗

勝てて純粋にうれしいです。ワールドカップからずっといろんな方々に応援していただいてきましたが結果を残すことができなかった。ウェールズ代表は2軍ですけれど、国代表として日本にきているので、勝利できたことは本当に皆さんに恩返しができたと思って、感極まってしまいましたね。スタンドではたくさんの方々が応援してくださって本当にうれしかったです。

ここがスタートなので、これからしっかり全員が固まって勝ち続けることが僕たちの責任だと思っています。この勝利で甘えが出てしまうとカナダ代表、アメリカ代表との試合に影響してくるので、引き締めていきたいですね。

SO立川理道

ゲームコントロールという点ではまだまだだと思うけど、勝てて良かったです。自分で仕掛けることが多くなってもフラットに立って、いいテンポでボールを動かしたかった。（1戦目は）花園ラグビー場にたくさん応援に来てもらったのに負けてしまった。今週、絶対勝たないとと思って練習してきました。つらい時もチャンスの時もファンの方の声援が力になりました。トライを取りきるところで今日は取れました。

CTBクレイグ・ウィング

勝利できて、かつ歴史を作る一員になれてハッピーです。名誉なことだと思う。チームに合流してきた時より、エディーのラグビーを学んで、フィットできています。心地よくプレーできています。

2013年春シーズンを振り返って

満員の秩父宮ラグビー場で、ノーサイドの瞬間、NO8菊谷崇がWTB廣瀬俊朗を抱え上げる――エディーJAPAN4年間の前半のクライマックスだった。

互いにテストマッチと認めた上で、ホームユニオンの欧州の強豪に初めて勝利した歴史的瞬間だった。そのため「エディーJAPANの4年間でターニングポイントになった試合は?」と聞くとほとんどの選手が「ウェールズ代表との第2テストマッチです」と答えるのもうなずける。

当時キャプテンだった廣瀬俊朗も、本書に収録したワールドカップ終了後のインタビューで「ウェールズ戦の勝利があったからワールドカップの南アフリカ戦の勝利につながった」と振り返っている。

個人的には「アタックにこだわりすぎているのでは?」と少しエディー・ジョーンズHCの戦い方に疑問が生じていた時だったが、このスタイルでやれば、きっとワールドカップでも十分に戦えるはずという確信が持てた試合にもなった。

まずセットプレーの安定は大前提で、自陣から強引に攻めることはなく、SO立川理道、FB五郎丸歩が、スペースがあればしっかり敵陣に蹴った。またディフェンスでもしっかり粘り、鍛え上げてきたフィットネスで後半にトライを取って勝利する――まさしくワールドカップでも見られた「ジャパンウェイ」、日本流の戦い方だったと言えよう。

エディー・ジョーンズHC自身も2014年までの3年間の中で、「最も印象に残った試合は?」と聞くと、「ウェールズ代表との第2テストマッチ」と即答した。それだけ、指揮官としても手応えのある試合だったことは明白だった。この試合での戦い方だけでなく、ウェールズ代表の勝利に貢献した選手たち23人中21人が、2015年のワールドカップメンバーに選出された。NO8菊谷崇は自分から辞退、PR長江有祐が6月の練習でケガをしたことを考えると、ほぼ100%である。指揮官は、当時の23人に大きな信頼を置き続けていたことがよくわかる。

ウェールズ代表に勝利後、中3日で名古屋でカナダ代表（○16－13）と、さらに秩父宮ラグビー場で中3日でアメリカ代表（○38－20）と戦って連勝。ウェールズ戦の勝利から得た自信が、確実にチームを強くしていた。

指揮官、脳梗塞で離脱。不安を抱えたまま迎えた秋

2013年11月

2日ニュージーランド戦（秩父宮ラグビー場）
9日スコットランド戦（マレーフィールド）

2013年6月に初めて「レッドドラゴンズ」ことウェールズ代表を撃破した日本代表は、11月に「オールブラックス」ことニュージーランド代表とスコットランド代表と対戦することになっていた。

オールブラックスとは2011年のワールドカップ以来の対戦であり、ホームでの対戦ながらエディーJAPANが世界ランキング1位のチームにどこまで抗うことできるのか、という意味ではラグビーファンには大いに期待された試合となった。もちろんエディー・ジョーンズHCは2013年も夏の合宿などで、なるべく日本代表の練習時間を確保しようと努めていた。

スコットランド代表とはアウェーでの対戦だが、2015年のワールドカップで対戦する相手だけに、勝ちたい、負けても善戦しておきたい試合だった。なおスコットランド戦の3日後には、イングランド・グロスターにあるキングスホルム・スタジアムで地元のプロクラブであるグロス

ターと対戦。このスタジアムは、２０１５年のワールドカップで日本代表が実際に試合を行うスタジアムであった。

続いてウェールズでロシア代表、スペインでスペイン代表という日程はさしずめ「ミニワールドカップ」だった。２０１３年は春もタフなテストマッチを戦ったが、秋もタフな試合が５試合も組まれており、日本代表の強化にとってはこの上なかった。

しかし10月、まさかの出来事が起きる。エディー・ジョーンズHCが宮崎視察の帰りに、軽い脳梗塞を発症。幸い、大事にいたらなかったが、オールブラックス戦と欧州遠征は、エディー・ジョーンズHCの代わりにコーチの一人であるスコット・ワイズマンテルが代行として指揮をとることになった。

エディー・ジョーンズHCはオーストラリア代表の指揮官や、南アフリカ代表のアドバイザーとしてオールブラックスとは何度も対戦しているだけに、どんな采配を振るうのか注目されていた。本人も、オールブラックスとの対戦を大いに楽しみにしていただけに残念でならなかったはずだ。

エディー・ジョーンズHC不在で、どこまで戦えるかは未知数だったが、選手たちの奮闘に期待するしかない状況だった。不安が的中しなければいいが……と思っていたが、エディーJAPANにとってエディー・ジョーンズHCがいないということは、片肺飛行のようなもの。やはり、その影響は隠しきれなかった。

２０１３年10月16日　ニュージーランド戦＆欧州遠征メンバー発表記者会見

２０１３年10月16日（水）14時から、日本代表対ニュージーランド代表と、11月３日に出発する欧州遠征（スコットランド代表、ロシア代表、スペイン代表と対戦）に参加するメンバー32名とバックアップメンバー６名が発表された。

当初は、エディー・ジョーンズＨＣが出席する予定だったが、「脳梗塞の疑いが見られ、検査入院中」（岩渕健輔ＧＭ）ということで、会見には岩渕ＧＭが出席した。

◎エディー・ジョーンズHC（岩渕GMの代読）

現時点でのベストメンバー32名を選出しました。今回初めて選出した堀江恭佑（ヤマハ発動機）は、９月・10月の強化合宿、そしてトップリーグでも良いパフォーマンスをしていました。また、バックアップメンバーとして６名を選んでいます。徐吉嶺（ヤマハ発動機）はチームの理解度をより高めるために直前合宿に参加させます。世界王者のニュージーランド代表相手に勝利を収め、昨年のヨーロッパ遠征でのアウェー初勝利、今年の６月のウェールズ代表撃破に続いて、日本代表として新たな歴史を作っていきます。

ニュージーランド戦および欧州遠征の日本代表メンバー（10月16日時点）

（ポジション、名前、所属、キャップ数　※いずれも当時）

FW: 18名
長江有祐（リコー、13キャップ）
三上正貴（東芝、9キャップ）
平島久照（神戸製鋼、27キャップ）
堀江翔太（パナソニック、23キャップ）
青木佑輔（サントリー、28キャップ）
畠山健介（サントリー、46キャップ）
山下裕史（神戸製鋼、25キャップ）
浅原拓真（東芝、5キャップ）
大野均（東芝、73キャップ）
伊藤鐘史（神戸製鋼、17キャップ）
ジャスティン・アイブス（キヤノン、14キャップ）
真壁伸弥（サントリー、17キャップ）
トンプソン ルーク（近鉄、39キャップ）
ヘンドリック・ツイ（サントリー、14キャップ）
マイケル・ブロードハースト（リコー、12キャップ）
堀江恭佑（ヤマハ発動機、0キャップ）
菊谷崇（トヨタ自動車、63キャップ）
ホラニ龍コリニアシ（パナソニック、25キャップ）

BK: 14名
日和佐篤（サントリー、27キャップ）
田中史朗（パナソニック、37キャップ）　※合流日未定
小野晃征（サントリー、18キャップ）
立川理道（クボタ、19キャップ）
田村優（NEC、13キャップ）
クレイグ・ウィング（神戸製鋼、5キャップ）
マレ・サウ（ヤマハ発動機、9キャップ）
霜村誠一（パナソニック、4キャップ）
廣瀬俊朗（東芝、15キャップ）
今村雄太（神戸製鋼、38キャップ）
山田章仁（パナソニック、0キャップ）
福岡堅樹（筑波大学2年、7キャップ）
藤田慶和（早稲田大学2年、9キャップ）
五郎丸歩（ヤマハ発動機、29キャップ）

バックアップメンバー:6名
木津武士（神戸製鋼、22キャップ）
湯原祐希（東芝、11キャップ）
ホラニ龍シオアペラトゥー（パナソニック、0キャップ）
内田啓介（筑波大学4年、4キャップ）
徐吉嶺（ヤマハ発動機、0キャップ）　※10月27日～11月2日の直前合宿に参加予定
梶村祐介（報徳学園高校3年、0キャップ）

その後、10月18日、日本ラグビー協会からエディー・ジョーンズＨＣの健康状態についての発表があった。脳梗塞と診断されたが、現在は集中治療室から一般病棟に移り、意識は鮮明で、会話も可能な状態であるという。

だが、日本協会はエディー・ジョーンズＨＣの状態を考慮し、11月のテストマッチ期間においては、「ワイジー」こと日本代表テクニカルアドバイザーのスコット・ワイズマンテル（42歳）にＨＣ代行を務めさせることを発表した。

◎エディー・ジョーンズHC（家族を通じてのコメント）

オールブラックス戦や遠征を目前にした大切な時期に皆様にご心配をかけ、申し訳なく思います。体調回復を最優先に、現時点でできる範囲内で今後に向けた準備をしていきます。１日も早くベストのコンディションで日本代表の指導に復帰するため、オールブラックス戦と遠征は『ジャパンウェイ』を最も理解しているスコット・ワイズマンテルテクニカルアドバイザーにＨＣ代行を委ねることにしました。自分でチームを率いることができないのは残念ですが、ワイズマンテルはチームを正しい方向へ進めてくれるでしょう。ワイズマンテルらスタッフ、廣瀬俊朗キャプテンをはじめとする選手たちが、『ジャパンウェイ』で世界を驚かせてくれると信じています。引き続き日本代表の応援をお願いします。

◉ニュージーランド戦　レビュー

11月2日、ラグビー日本代表（世界ランキング15位）は、ホームで同1位の「オールブラックス」ことニュージーランド代表と対戦した。通算4度対戦しているが、日本で行われる試合で互いがテストマッチとして認めた初の真剣勝負だった。

試合開始早々、スクラムで互角に組み合う。前半9分、ミスしたボールをつながれてしまい0－7。その後、日本代表はＳＨ田中史朗のテンポの速いパスで相手の反則を誘い、13分、22分とＦＢ五郎丸歩がＰＧを決めて6－7と1点差とした。

だが個々の能力で上回るニュージーランド代表に徐々にペースを握られる。26分にはターンオーバーから、28分にはキックオフから崩されトライを許し、6－21。さらに31分、スクラムでも徐々にプレッシャーをかけられ、ＮＯ8で出場していたリッチー・マコウにトライを許し、6－28で前半を折り返す。

後半、先に点がほしかった日本代表だが、相手のディフェンスの前にゴールラインが遠い。すると10分、モールを押されてトライを奪われる。その後も、日本代表が良い形で攻めてもボールキャリアが孤立したところを狙われ、ターンオーバーされた。さらにハイパントやスクラムなどで崩されて、さらに3トライを献上した（6－54）。

ノートライで終わりたくない日本代表はロスタイムに、左ライン際にＷＴＢ福岡堅樹が跳び込んでトライかと思われた。だがＴＭＯ（テレビジョンマッチオフィシャル）の結果、先にタッチを割っていたと判断されてノートライ。試合は6－54でノーサイドを迎えた。

リポビタンDチャレンジカップ2013（テストマッチ）

2013/11/02(土)秩父宮14:01

日本代表		ニュージーランド代表
6	6 前半 28 / 0 後半 26	54

T	G	PG	DG		T	G	PG	DG
0	0	2	0	前半	4	4	0	0
0	0	0	0	後半	4	3	0	0

		日本代表			ニュージーランド代表
FW	1	三上正貴	FW	1	ワイアット·クロケット
	2	堀江翔太		2	デイン·コールズ
	3	畠山健介		3	ベン·フランクス
	4	伊藤鐘史		4	ジェレミー·スラッシュ
	5	大野均		5	ドミニク·バード
	6	ヘンドリック·ツイ		6	スティーブン·ルアトゥア
	7	マイケル·ブロードハースト		7	サム·ケイン
	8	ホラニ龍コリニアシ		8	リッチー·マコウ
HB	9	田中史朗	HB	9	タウェラ·カーバーロー
	10	立川理道		10	ダン·カーター
TB	11	福岡堅樹	TB	11	フランク·ハライ
	12	クレイグ·ウィング		12	フランシス·サイリ
	13	マレ·サウ		13	ベン·スミス
	14	廣瀬俊朗		14	チャールズ·ピウタウ
FB	15	五郎丸歩	FB	15	ボーデン·バリット
RESERVE	16	青木佑輔	RESERVE	16	アンドリュー·ホア
	17	長江有祐		17	ジェフリー·トゥーマガ-アレン
	18	山下裕史		18	チャーリー·ファウムイナ
	19	トンプソン ルーク		19	ブロディー·レタリック
	20	菊谷崇		20	ルーク·ホワイトロック
	21	小野晃征		21	アーロン·スミス
	22	田村優		22	トム·タイラー
	23	藤田慶和		23	ライアン·クロッティ

◎ニュージーランド戦に向けて

スコット・ワイズマンテルＨＣ代行

エディーはマスターコーチで、ボスということで揺るぎない存在です。ニュージーランド戦だけでなく欧州遠征までの練習メニューなどアドバイスは受けていますが、自分たちとして進化する時が来ました。エディーとは電話で話をしましたが、すごく良い回復をしています。責任を感じていますし、若干のプレッシャーがありますが、後はジャパンウェイを貫くだけでです。ニュージーランドは世界一のチームですから、（日本代表に）プレッシャーをかけてくるでしょう。キーポイントとしては、受けに回っても仕方がないので、自分たちから仕掛けたい。そして良いパフォーマンスをして、世界にアッといわれるようなパフォーマンスをして結果を得たい。

キャプテンＷＴＢ廣瀬俊朗

昨夜のミーティングで、エディーのチームではなく、みんなのチームであるということや自分たちを信じてジャパンスタイルで世界一に対戦するなどを確認しました。昨日まで試合があった選手もいたので今日はスタートです。明日から頭も体もきっちりジャパンスタイルで臨みたい。

バイスキャプテンNO8菊谷崇

準備して勝つのみです。まず試合に出るためのレギュラー争いをしないといけないし、戦術面でも詰めていかないといけない。今週はポジティブに良い準備をしたいです。代理のHCもいますし、エディーも試合を見ると思うので、しっかり、安心して見てもらえるように頑張ります！

WTB藤田慶和

オールブラックス戦に向けて勝てる準備をして、まず80分試合に出場できるように、ポジション争いに勝って思いっきりチャレンジしたい。相手には（留学していた）カンタベリーで一緒に練習していた知り合いもいます。ホームでの対戦なので、楽しんでやってプレーで魅せたい。WTBだけでなくFBをいつでもできるように頑張りたいですね。

◎ニュージーランド戦を終えて

エディー・ジョーンズHC（協会発表）

最初の20分間は良かったです。世界のトップ10に勝つためには、同じことを50分間続けなくてはいけません。我々の目標はこれからの２年間。トップリーグが終わってからの５日間の合宿だけでオールブラックスを相手にこれだけのことをやれました。私は来春のアジア５カ国対抗での復帰に向けて、すでにリハビリを開始しています。日本代表へのサポートに感謝いたします。

スコット・ワイズマンテルＨＣ代行（試合後の会見、協会ＨＰより）

ブレイクダウンが一番の敗因です。ボールキャリアの姿勢が高かったこと。そして、ニュージーランドの２人目の寄りは、日本の２人目の寄りよりも明らかに早かったです。幸いにして、すぐに世界トップ10のチームと対戦するチャンスがあります。（１週間後の）スコットランド代表もブレイクダウンの強いチームです。

キャプテンＷＴＢ廣瀬俊朗

自分たちもチャンスを生かしきれなかったし、ちょっとしたミスからスコアされてしまいました。そこがすごく残念です。

◉スコットランド戦　レビュー

オールブラックス戦から1週間後の11月9日、日本代表は敵地のマレー・フィールドで、世界ランキング9位のスコットランド代表と対戦した。日本代表は、「ボールを持っている時は動かそう」と、欧州の強豪国の一つスコットランド代表に挑んだ。

ただ、自陣のブレイクダウンで反則を犯し前半21分までに2PGを献上、0－6とリードを許す。さらにスクラムで劣勢に回ると、32分にトライを喫し、5分にFB五郎丸歩がPGを返すのがやっとで3－11で前半折り返した。

後半、攻撃のテンポを上げた日本代表は2分、相手のスクラムの反則から、SH田中史朗がクイックリスタート。WTB廣瀬俊朗がラインブレイクし、素早く左に展開。最後はWTB福岡堅樹がトライ、ゴールも決まって10－11と1点差に追い上げる。

直後のキックオフのボールを相手にキープされて、6分にトライを許し10－18。11分には再びWTB福岡がトライを挙げて17－18と再び1点差とするが、14分にまたもやキックオフからボールをキープされてトライを与え、17－23とリードを広げられてしまった。

まだ5点差、逆転を目指し攻め続ける日本代表だが、自陣ゴール前で反則を繰り返し、20分にNO8ホラニ龍コリニアシがシンビン（10分間の一時退場）となってしまい、数的不利の間に2トライを許した。さらにFB五郎丸もシンビンとなり、試合終了間際にも連続トライを許し、一度もリードすることができず、17－42で敗戦となった。

リポビタンDツアー2013 第1戦

2013/11/09(土)マレーフィールド14:30

日本代表		スコットランド代表
17	3 前半 11 / 14 後半 31	42

T	G	PG	DG		T	G	PG	DG
0	0	1	0	前半	1	0	2	0
2	2	0	0	後半	5	3	0	0

		日本代表			スコットランド代表
FW	1	三上正貴	FW	1	ライアン·グラント
	2	堀江翔太		2	ロス·フォード
	3	畠山健介		3	ユアン·マレー
	4	トンプソン ルーク		4	ティム·スウィンソン
	5	真壁伸弥		5	アラステア·ケロック
	6	ヘンドリック·ツイ		6	アラスデア·ストロコッシュ
	7	マイケル·ブロードハースト		7	ケリー·ブラウン
	8	ホラニ龍コリニアシ		8	デビッド·デントン
HB	9	田中史朗	HB	9	グレイグ·レイドロー
	10	小野晃征		10	ローリー·ジャクソン
TB	11	福岡堅樹	TB	11	ショーン·ラモント
	12	クレイグ·ウィング		12	マット·スコット
	13	マレ·サウ		13	ニック·デルーカ
	14	廣瀬俊朗		14	トミー·シーモア
FB	15	五郎丸歩	FB	15	ショーン·メイトランド
RESERVE	16	青木佑輔	RESERVE	16	パット·マッカーサー
	17	長江有祐		17	アラスデア·ディッキンソン
	18	山下裕史		18	ジェフ·クロス
	19	大野均		19	リッチー·グレイ
	20	菊谷崇		20	ジョン·バークレー
	21	日和佐篤		21	ヘンリー·ピルゴス
	22	田村優		22	ダンカン·ウィアー
	23	藤田慶和		23	ダンカン·テイラー

◎スコットランド戦に向けて

スコット・ワイズマンテルHC代行

アタックの分野でエディーにアドバイスをもらいました。（アタック・シェイプの）リンケージ（連携）は改善したと思います。そこをメインに今週はハードワークしました。今日の練習でも先週よりもよく見えました。明日の試合でも、それをやってほしいです。

キャプテンWTB廣瀬俊朗

今日、すごく一体感が出てきて、メンタル的にも試合をやる準備ができました。アタックが日本代表の肝だと思います。オールブラックス戦では自分たちが目標としているところまでいっていなかった。ずっとやってきましたがアタックを大事にしようと今週は取り組んできました。いきなり100点のプレーとはいかないが、成長したところを見せたいです。

スコットランド代表の15番はニュージーランドでプレーしていましたし、CTB2人も大きい。僕の対面も79キャップを持つ良い選手。FWも重いのでブレイクダウンでスローボールにしてきます。トップ10内のティア1の国に勝ちたい。アウェーでの対戦ですが、チャレンジしがいがあり光栄なこと。日本ラグビーが変わりつつあることを証明するチャンスだと思います。

◎スコットランド戦を終えて

スコット・ワイズマンテルHC代行

今回の結果はポジティブにとらえています。シンビン時に、もっとテンポをコントロールしたかったです。トライを取った場面こそ『ジャパンウェイ』です。私たちは、アタックからのディフェンス、ディフェンスからのアタックをいつも練習しています。ハーフタイムでは、もっとテンポを上げていこうと選手に伝えました。スクラム、ラインアウト、キックオフというセットプレーについては、これからもっとレベルを上げていかないといけません。特にキックオフは自分たちがやりたいことをできなかった。今日のスコアは日本代表とスコットランド代表の実力差をそのまま反映したものだとは思っていません。シンビンで選手を欠いた時間帯に3トライを許してしまいました。勝つためにスコットランドに来ただけに残念です。

キャプテンWTB廣瀬俊朗

勝ちにいった試合で、シンビン中に3トライをとられてしまった。ルーズになったところをスコットランドに突かれてしまました。しかし後半20分までは勝利を望めるような良いポジションで試合を進めることができました。課題も出たが、すばらしい態度で試合に向かってくれた選手たちを誇りに思います。自分たちがまだ強くなれると、確信できました。自分たちはやれるということを再確認できましたし、前を向いて毎日努力してきた選手の努力はすばらしかったです。

バイスキャプテンFB五郎丸歩

2015年に（開かれるワールドカップで）戦う相手と、この段階で試合をできて良かったです。日本とは違うグラウンドコンディションを経験できたことも大きい。これから2015年までに差を詰めていくことが重要です。常に上を目指していきたい。自分のプレーに関しては、反省するところもあるが良いプレーもありました。大切なのは、次の試合で同じミスをしないことです。

HO堀江翔太

途中までは良い試合ができていましたが、結果的には負けてしまった。せっかくの相手陣でのアタック時にミスが目立ち、そこでボールを相手に渡してしまいました。日本代表のラグビーは、まだ完璧という域には達していません。ワールドカップでスコットランド代表と対戦するまでに、2年間あります。これから向上すれば、勝てない相手ではありません。

SO小野晃征

勝ちきれなくて、悔しい。トップ10のチームに勝てるところまで、もっていける自信はあります。今は、勝ちきることが次のステップになります。アタックの形は機能しているので、もっと『ジャパンウェイ』をできる時間を増やして、勝利につなげたいです。

WTB福岡堅樹

みんながつないでくれたボールで2トライできて良かったです。しかし、日本代表がトライを取った直後にすぐに取りかえされ、スコットランド代表のほうが上でした。スコットランド代表のフィジカルは、やはり強かったです。これからの自分の課題はフィジカルとディフェンスだと感じました。

ニュージーランド戦、欧州遠征を振り返って

やはりエディーJAPANはエディー・ジョーンズHCがいないと厳しいという現実を突きつけられた。ニュージーランド代表との対戦は、1995年ワールドカップの17－145、2011年ワールドカップの7－83と比べて、6－54の敗戦は成長しているという見方もできた。ただ、相手にとっては欧州遠征前のウォームアップゲームに過ぎなかった。現地の新聞には「日本代表と対戦して何の意味があるのか?」という記事も載っていた。

確かに、スクラムやディフェンスでは善戦していたが、そこで通用しないとなると、オールブラックスは次の手をすぐに打ってきた。オープンサイドにハイパントキックを蹴って、いとも簡単に1対1を作り、そのままトライ。キックオフからのボールをキャッチしてそのままトライ。ターンオーバーからの速攻やモールからのトライなど、1つ通用しなくても、他の方法でトライを取れる柔軟さがあった。「普通に戦えたが、普通に負けた」という印象だった。

続いてスコットランド代表と対戦した。完全アウェーで、ワールドカップ同組の相手と対戦する。日本代表はアタックを重視し、自陣からも攻めていった。ただ雨が上がったばかりのイギリス特有の重馬場のグラウンドでは得意のラン、パスはあまり機能せず、ニュージーランド戦同様にブレイクダウンで後手を踏むと、すぐにトライを許してしまった。

しかもWTB福岡堅樹のトライで2度も1点差に迫ったにも関わらず、そこからゲームをコントロールせず、キックで敵陣で戦うなどの戦略性も乏しかった。SH田中史朗も「スペースがあるのはわかっていました。エディーがいれば相談して蹴ったかもしれません」と述べていたように、「戦術コーチ」であるエディー・ジョーンズHCの不在が響いた結果となった。

スコットランド戦後、中2日でイングランドのプレミアシップのグロスターと対戦したが、控えメンバー中心で臨み、5－40と力負けして3連敗。続く格下のロシア、スペインには危なげなく勝利して2013年を締めくくった。

今から遠征メンバーを見ると8割はワールドカップメンバーである。またグロスター戦でWTB松島幸太朗がデビューし、ロシア戦ではWTB山田章仁が初キャップを獲得して存在感を示した。BK陣に新しい力が出てきたという意味では価値のある遠征だった。

２０１３年11月29日 エディー・ジョーンズＨＣ記者会見

11月29日（金）13時より、エディー・ジョーンズＨＣの記者会見が行われた。10月16日から脳梗塞で入院し、11月はチームに帯同できなかったものの、同月23日に退院。復帰後初の記者会見となった。同席した日本代表ＧＭである岩渕健輔氏は「来シーズン以降も日本代表はエディー・ジョーンズが指揮を執ります」と明言した。

◎エディー・ジョーンズＨＣ

みなさまのサポートを多くいただいたことに感謝します。メディアのみなさまをはじめ多くの方々のサポートをこれからもいただければと思います。

２０１５年ワールドカップに向けて、今ちょうど半分の時間が過ぎました。これからまだまだやらなければならないことがたくさんあります。それに向かって自分も邁進していきたいと思います。今後、私たちがやっていかなければいけないこと、それはこの先の2年間でやらなければならないことですが、今の日本代表（世界ランキング14位）はランクが下のチーム（15位～21位のチーム）に対しては勝利できますが、この先、『トップ10』入りを目指すにあたってフィジー代表、トンガ代表、イタリア代表のような自分たちよりも格上にあたるチームに勝っていくことが重要になります。

現在の（日本代表の）総キャップ数は、1試合あたりの平均が330、昨年は270だったので飛躍的にチームは伸びていると実感しています。しかしこれから、アタックについても変化をつけなければならないし、着手しなければならない領域があります。さらにラン、パス、キックの比率を見直し、ポゼッションがメインのチームとなるようにしたいと思っています。

来年はもっとフィットネスを高めて、もっとスピードが速くなるようなトレーニングをやっていかなければなりません。フィットネス＆ストレングスコーチのジョン・プライヤーは今オランダにいて、スピードアップを図るために専門家とミーティングを繰り返しています。自分たちが求めるラグビーをするためには、もっと速くならなければならないからです。

またディフェンスの部分も課題に着手しなければなりません。特にハイボールを蹴ってくる相手にどうやって競っていくのか、という点です。

今回の欧州遠征で日本代表のスタッフはとてもいい仕事をしてくれました。特にスコット・ワイズマンテル（HC代行）はいい仕事をしました。

今後の2年かけて『トップ10』入りを目指して1分1秒も無駄にできない。成長を進めていかなければなりません。

写真:斉藤健仁

第3章 2014年

◉2014年 ラグビー日本代表 試合結果

4月26日 ●日本（JAPAN XV） 29−35アジア・パシフィックドラゴンズ（@花園）※
5月3日 ○日本99−10フィリピン（@カランバ）
5月10日 ○日本132−10スリランカ（@瑞穂）
5月17日 ○日本62−5韓国（@仁川）
5月25日 ○日本49−8香港（@国立）
5月30日 ○日本33−14サモア（@秩父宮）
6月7日 ○日本34−25カナダ（@バーナビー）
6月14日 ○日本37−29アメリカ（@ロサンゼルス）
6月21日 ○日本26−23イタリア（@秩父宮）
11月1日 ●日本（JAPAN XV） 21-61マオリ・オールブラックス（@ノエスタ）※
11月8日 ●日本（JAPAN XV） 18-20マオリ・オールブラックス（@秩父宮）※
11月15日 ○日本18−13ルーマニア（@ブカレスト）
11月23日 ●日本24−35ジョージア（@トビリシ）
※非テストマッチ

◉2014年はこんな年

キャプテンが新たにWTB廣瀬俊朗からFLマイケル リーチに変更となった。ワールドカップまで2年を切って、より2015年を意識した上での結果だった。

さらに1年目はアタックとフィットネス、2年目はフィジカルを中心に鍛えていたが、3年目にエディー・ジョーンズHCが注力したのはスピードだった。

日本代表は5月のアジアの大会で圧倒的な強さを見せて優勝。8大会連続となるワールドカップの出場権を獲得。続く北米遠征ではカナダ代表、アメリカ代表に連勝。さらにホームで、シックスネーションズの一角であるスクラム強国のイタリア代表に初めて勝利した。日本代表の連勝を支えたのはスクラムであり、過去2年間、スポットコーチだったマルク・ダルマゾが専任となったのもこの年からだった。

秋は「仮想・サモア代表」としてニュージーランド代表に準ずる強さを誇るマオリ・オールブラックスと対戦し、2戦目は僅差で敗戦。ワールドカップ仕様の戦い方が見え、BK陣にとっては大きな自信になった。その一方で、アウェーで「仮想・南アフリカ代表」として対戦したジョージア代表にはスクラムとモールで完敗。FWにとっては大きな課題を突きつけられた試合となった。

それでも世界ランキングは一時9位まで上昇し、テストマッチで11連勝。選手たちが掲げた「憧れるチームに」という目標にも近づいたと言えよう。

２０１４年3月12日　２０１４年春シーズン日本代表メンバー発表会見

２０１４年3月12日、日本ラグビー協会にてエディー・ジョーンズHC出席の下、４月26日の強化試合から始まる２０１４年春シーズンの日本代表メンバー40名および育成選手４名が発表された。日本代表に初選出されたのはPR稲垣啓太（パナソニック）、LO小瀧尚弘（帝京大学３年）、FLヘイデン・ホップグッド（トヨタ自動車）、WTB村田大志（サントリー）の４人。またキャプテンは廣瀬俊朗から、新しい選手を指名することになった（４月８日に発表）。

◎エディー・ジョーンズHC

選考基準に関しては、この2年間と変わりません。今シーズンの最初のターゲットはワールドカップ予選の通過です。それを達成できる選手を考慮に入れて選考しました。もちろん２０１５年のワールドカップを視野に入れて私たちは動いています。ワールドカップが近づいてきました。目標はトップ８です。

PR稲垣はトップリーグで感銘を受けた選手で、すばらしいタックラーです。ただしインターナショナルレベルでプレーするためには、サイズを大きくしないといけません。FLホップグッドはバックローとしてゲームセンスに優れている。LO小瀧はラインアウト、キックオフという空中戦のスキルが秀でていて、インターナショナルレベルでプレーできるポテンシャルを持っている。CTB村田は走るコースとラグビーセンスが良い。

——招集したくてもできなかった選手はいるか？

SO小野晃征（サントリー）は家庭の事情、SO山沢拓也（筑波大学1年）、CTB霜村誠一はケガです。NO8菊谷崇（トヨタ自動車）は4月の合宿から合流し、スーパーラグビーでプレーしている4選手は（アジア5カ国対抗の）韓国戦には呼びたいと思います。

——今回選出されたメンバーから来年のワールドカップのスコッドにどのくらいの選手が選ばれるのか？

このメンバーの多くの選手たちが高い確率でワールドカップに行けることを願っています。過去2年、選手の選考に関しては一貫性がありました。選手たちは日々、ハードワークを惜しまず、レベルアップしてワールドカップのスコッドに選出されてほしい。いきなり経験のない選手をワールドカップで起用することはありません。

ワールドカップのアジア枠を取るために、アジア5カ国対抗にベストメンバーで臨み、相手に最大限の敬意を示したい。ワールドカップの予選を通過するために日本代表はもっと強く、もっとフィットネスを上げて、もっと速くならなければなりません。そのためにバランスを取りながらプレーしていきたいと思います。

2014年　日本代表メンバー40名&育成選手4名(※所属は3月12日現在)

(ポジション、名前、所属、キャップ数　※いずれも当時)

FW: 24名
三上正貴(東芝、13キャップ)
平島久照(神戸製鋼、29キャップ)
長江有祐(所属先未定、15キャップ)
稲垣啓太(パナソニック、0キャップ)
畠山健介(サントリー、50キャップ)
浅原拓真(東芝、5キャップ)
山下裕史(神戸製鋼、29キャップ)
堀江翔太(パナソニック、27キャップ)　※
青木佑輔(サントリー、30キャップ)
湯原祐希(東芝、13キャップ)
ジャスティン・アイブス(キヤノン、16キャップ)
伊藤鐘史(神戸製鋼、18キャップ)
大野均(東芝、77キャップ)
トンプソン ルーク(近鉄、43キャップ)
真壁伸弥(サントリー、20キャップ)
小瀧尚弘(帝京大学3年、0キャップ)
マイケル・ブロードハースト(リコー、16キャップ)
ヘイデン・ホップグッド(トヨタ自動車、0キャップ)
ヘンドリック・ツイ(サントリー、18キャップ)
リーチ マイケル(東芝、29キャップ)
安井龍太(神戸製鋼、2キャップ)
堀江恭佑(ヤマハ発動機、0キャップ)
菊谷崇(トヨタ自動車、66キャップ)　※
ホラニ 龍コリニアシ(パナソニック、28キャップ)

BK: 16名
田中史朗(パナソニック、41キャップ)　※
日和佐篤(サントリー、30キャップ)
内田啓介(筑波大学4年、4キャップ)
立川理道(クボタ、20キャップ)　※
田村優(NEC、17キャップ)
クレイグ・ウィング(神戸製鋼、7キャップ)
中村亮土(帝京大学4年、1キャップ)
林泰基(パナソニック、0キャップ)
マレ・サウ(ヤマハ発動機、13キャップ)　※
廣瀬俊朗(東芝、19キャップ)
福岡堅樹(筑波大学2年、9キャップ)
藤田慶和(早稲田大学2年、12キャップ)
松島幸太朗(サントリー、0キャップ)
村田大志(サントリー、0キャップ)
山田章仁(パナソニック、2キャップ)
五郎丸歩(ヤマハ発動機、33キャップ)
※海外ラグビー参戦中

育成選手:4名
垣永真之介(早稲田大学4年、0キャップ)
坂手淳史(帝京大学2年、0キャップ)
牧田旦(帝京大学4年、0キャップ)
石井魁(東海大学2年、0キャップ)

その後、４月７日から長野・菅平高原にて、日本代表合宿がスタート（11日まで）。合宿２日目の８日、就任３年目を迎えたエディー・ジョーンズＨＣが、２０１５年ワールドカップに向けて新キャプテンを発表した。

◎エディー・ジョーンズHC

（前キャプテン）廣瀬（俊朗）は2年間、すばらしいキャプテンを務めてくれました。日本のラグビーのために彼がやってくれたことに感謝をしています。ハードワークをして本当に強いチームを作ってくれたし、日本代表にとっては大事な選手です。だが、今シーズン、彼にポジションを保証することができない。ＷＴＢの質を見ると廣瀬を10番に変えようと思っています。

ワールドカップを見据えてキャプテンを変えるなら今だと感じました。新しいキャプテンはＦＬリーチ　マイケル（東芝）です。チームを強化するため、そして前進させるためには彼がいいと直感的に思いました。バイスキャプテンはＦＢ五郎丸歩（ヤマハ発動機）とＨＯ堀江翔太（パナソニック／レベルズ）です。

新キャプテンをリーチにした理由として、まず彼がチーム内でベストプレイヤーであること。ワールドクラスのＦＬになれます。次に、常にスタメンに入ることができます。キャプテンは試合に出続けることが大事です。そして、ニュージーランド代表主将のＦＬリッチー・マコウのように体を張って、他の選手の見本となってチームをリードしてほしいと思います。

ワールドカップ本番前、欧州強豪国に戦える数少ないチャンス

2014年6月21日 イタリア戦

(秩父宮ラグビー場)

2014年4月、キャプテンが新たにリーチ マイケルとなったエディーJAPAN。いきなりアジア・パシフィックドラゴンズに逆転負けを喫するという残念なスタートを切る。だが、その後のアジア5カ国対抗では、順当にフィリピン代表、スリランカ代表、韓国代表、そして5月25日、国立競技場で49－8で香港代表に勝利。アジアの代表として、難なく2015年のワールドカップの出場権を獲得した。

さらに5月30日にホームで、ほぼ2軍に近かったが、ワールドカップで対戦するサモア代表を33－14で下し、北米遠征に出発した。6月7日にはアウェーでカナダ代表に逆転勝利、14日にアメリカ代表に黒星をつけて、21日に春シーズン最強のイタリア代表と戦うことになった。

欧州王者を決める「シックスネーションズ(6カ国対抗)」で戦っているイタリア代表に、日本代表は過去5度対戦して全敗。ただ2013年11月のロシア戦から、テストマッチ9連勝中と

結果を残している日本代表が、春シーズンの総決算として、スクラム強国で知られるイタリア代表とどう戦うのか。果たして10連勝を達成できるのか、それが最大の見どころとなった。

シックスネーションズのチームとは1年前にウェールズ代表に勝利した一方で、２０１３年秋にはスコットランドに大敗してしまった。

ワールドカップまでの日程を見ると、テストマッチにおいては、日本代表が戦える最強のチームの可能性もあった。ワールドカップを見据えれば大事な一戦であり、特にFW陣にとってはスクラムやラインアウトが、欧州の強豪の一つにどこまで通用するか試す絶好の試合となった。

メンバーを見てもSH田中史朗、HO堀江翔太、SO／CTB立川理道、CTBマレ・サウと２０１４年にスーパーラグビーに挑戦した4人もメンバー入りしており、期待感は十分だった。

しかもイタリア代表はシックスネーションズでも5連敗、遠征でも負け続けており、精神的支柱のキャプテンNO8セルジョ・パリッセやPRマルティン・カストロジョバンニも不在。ホームで戦う日本代表にとっては、「負けてはいけない試合」と位置付けることができた。

◉イタリア戦　レビュー

過去5連敗中のシックスネーションズの雄、イタリア代表に対して、ホームの日本代表は9連勝の勢いをそのままぶつけた。試合早々すぐのスクラムではまったくの互角。すると前半4分、相手のハイパントをNO8ホラニ龍コリニアシがキャッチして、ラインブレイク。WTB山田章仁へつなぎ、そのまま山田がトライを挙げて7－0とした。

互いにPGを決めて迎えた17分、WTB山田が自陣ゴール前で相手のボールを意図的にはたいたとしてシンビンに。ペナルティートライにも判定されて、10－10に追いつかれる。PGを決め合って前半は13－13で折り返した。

後半、テンポの良い攻撃を見せる日本代表にイタリア代表が反則を繰り返す。2分、8分にFB五郎丸歩がPGを決めて19－13とリード。だが12分に、日本代表がスクラムを崩したと判定されて、PGを与えてしまい19－16と3点差とされる。

16分、相手の反則からスクラムを選択し、トライを狙う。日本代表らしい連続攻撃を仕掛けて、最後は19分、CTBマレ・サウが見事に相手ディフェンスをかわしてトライ（26－16）。

シックスネーションズのプライドをかけてイタリア代表も、モールを起点に猛攻を仕掛けてくる。34分にトライを与えて、26－23と3点差とされる。

その後、日本代表はスクラムで相手の反則を誘うなど進化の跡を見せる。そのまま26－23でノーサイド。イタリア代表に6戦目にして初勝利をあげテストマッチ10連勝を達成した。エディーJAPANは再び歴史を塗り替えた。

リポビタンDチャレンジカップ2014

2014/06/21(土)秩父宮14:00

日本代表		イタリア代表
26	13 前半 13	23
	13 後半 10	

T	G	PG	DG		T	G	PG	DG
1	1	2	0	前半	1	1	2	0
1	1	2	0	後半	1	1	1	0

日本代表

FW	1	三上正貴
	2	堀江翔太
	3	畠山健介
	4	伊藤鐘史
	5	トンプソン ルーク
	6	ジャスティン・アイブス
	7	リーチ マイケル
	8	ホラニ龍コリニアシ
HB	9	田中史朗
	10	立川理道
TB	11	福岡堅樹
	12	田村優
	13	マレ・サウ
	14	山田章仁
FB	15	五郎丸歩
RESERVE	16	平島久照
	17	木津武士
	18	山下裕史
	19	真壁伸弥
	20	大野均
	21	ヘンドリック・ツイ
	22	日和佐篤
	23	廣瀬俊朗

イタリア代表

FW	1	アルベルト・デ・マルキ
	2	レオナルド・ギラルディーニ
	3	ロレンツォ・チッタディーニ
	4	クインティン・ゲルデンハイス
	5	マルコ・ボルトラミ
	6	ジョシュア・フルノ
	7	マウロ・ベルガマスコ
	8	ロベルト・バルビエリ
HB	9	ティト・テバルディ
	10	ルチアーノ・オルケーラ
TB	11	ジョヴァンバティスタ・ヴェンディッティ
	12	ゴンサロ・ガルシア
	13	ミケーレ・カンパニャーロ
	14	レオナルド・サルト
FB	15	ルーク・マクリーン
RESERVE	16	アンドレア・マニチ
	17	アンドレア・デ・マルキ
	18	ダリオ・キストリーニ
	19	マルコ・フセール
	20	マノア・ヴォサワイ
	21	グリエルモ・パラッツァーニ
	22	トマーゾ・アラン
	23	トマーゾ・イアンノーネ

◎イタリア戦を終えて

エディー・ジョーンズHC

勝てて良かったです。いいプレーは少なかったですが、そういう状況でも勝利できるようになってきたことはチームにとってプラスとなります。

――スクラムはどのあたりが成長しているのか？

一つはテクニックです。体が小さくてもうまくスクラムを組むという技術、足を置くポジション、ボディポジションも良くなってきました。8人が一体となって組めています。もう一つはマインドセット（心構え）です。『体が小さくてもいいスクラムが組めるんだ』というマインドです。イタリア代表は人生を懸けてスクラムを組んできます。ヨーロッパのラグビーを見ても（FWの第1列は）スクラム、スクラム、スクラムですよね。イタリア代表に勝てたことは本当にいいことですが、まだまだ我々の望んでいるところまでは程遠い。さっきリーチが『オフがない』と言っていましたが、今日のようなパフォーマンスだと、もっとオフがなくなります（笑）。

――日本代表はメンタルが弱いと言われていたが。

確かにそういう部分ではステップアップできたと思います。最初はキックオフのボールを取れず、ラインアウトでも取れず、スクラムでも良いボールが出せず、少し慌てた部分もあったかもしれません。ただテストマッチレベルのラグビーでは、完璧なプレーができるものではない。イタリア代表のような強い相手と試合をする場合、どこで勝利できるのかということを見極め、徹底的に仕留めていくことが大切。今日はそのことが少しずつですが、できてきたと思います。

ワールドカップに勝利することがすべてです。今日のように多くの観客の前で試合をし、勝利をする。日本ラグビーを変えるには、ワールドカップで勝利をすることが必要です。

ワールドカップでは南アフリカ代表やサモア代表といったチームに対し、すべて勝利することができるかどうかわかりませんが、勝てるように準備をしていきたい、それが一番エキサイティングだと思っています。そして毎回、日本代表の試合をする時に、秩父宮のスタンドが満員であることを願っています。

我々はワールドカップに行って、準々決勝に進出することが目標です。また、日本のスポーツの中でラグビーを最も人気のあるスポーツにしたいと思っています。

キャプテンFLリーチ マイケル

勝ってうれしいです。ただ内容はあまり納得していません。この春シーズンになって、他の代表チームより倍以上ハードワークして、かなりモールとスクラムの練習をし、オフの少ない中やってきました。その結果、強いスクラムができ、練習でやってきていることがかなり出せました。これからもっともっと強くなって、ティア１の国に勝つ文化を作って、ワールドカップにつなげていきたい。

——納得できない部分は？

もっといいアタックができたはずです。ラインアウトのミスでボールを落としてノックオンをする場面が多かった。ワールドカップだったらこの試合は負けています。そういうところを試合中でも修正できるようなチームになっていかなければならない。

——後半の苦しい時、どんな声をかけていたのか？

いいディフェンスをしていたので、とにかく我慢をして、止めれば相手がノックオンするかキックパスをすると思っていました。自分たちのディフェンスを信頼して、「勝手なことはするな」と指示しました。（全体的に）いいディフェンスができました。ただ、自陣からキックでどう脱出するかという部分でもう少し精度を上げていきたいです。

バイスキャプテンHO堀江翔太

1本目のスクラムを組んだ時に、ハタケ（畠山健介）が『行ける』と言っていましたし、自分も相手のHOに勝っていた。組んでからの方向というか組みたかった方向を抑えることができたという点で（勝っていた）。まだ完成形ではないんですが、成長している過程の中で勝利できたことはワールドカップにつながるかなと思います。接点やインパクトという部分ではスーパーラグビーに戻っても生かしていける部分です。スクラムについては体の入れ方や組み方など、自分がやりたいことやスクラムに対する考え方が、マルク（・ダルマゾコーチ）と偶然にも一致していたので良かったです。

PR三上正貴

スクラムは、相手に少し押されることもありましたが、我慢できて、前に行ける形が多くて良かったです。今までしんどい練習をしてきて、だんだんスクラムが強くなってきました。これからもマルク（・ダルマゾ）コーチと練習をしていきたい。エディーからも試合後、『良いスクラムだった』と言われました。

PR畠山健介

春シーズン、最後の試合で勝つことができてうれしいです。最初のスクラムで、イタリア代表もスクラムにこだわってくるチームで重さを感じました。ただ、日本代表もバックファイブ（LO、FL、NO８の５人）も押しが良かったので、80分良いスクラムが組めるという手応えを感じました。ダルマゾコーチが来てから、細かいところまで指導されますし、FW全員でまとまって練習できています。スクラムに対する意識が変わりましたね。

WTB山田章仁

勝てるような試合ができるチームになってきています。FWの成長スピードがBKよりもはるかに速い。BKとしてはそこに追いつけるようにしたい。個人としてはまだまだです。ケガ人も多かったので出場できたと思っています。他の選手がベストな状態でも代表に選ばれて出場したい。そのために、パナソニックに戻って、良いプレーを見せることが次につながると思います。

NO8ホラニ龍コリニアシ

FWはみんなパワーアップできているということを、最近の試合で証明できました。（試合前は）イタリア代表よりも絶対練習していると思うので、みんなフィットネスに自信を持っていました。最初から100％でいけるようにしたい。リーチキャプテンは、ひとりでやろうとしないで、みんなを絡めてチームをまとめてくれています。

SO立川理道

セットプレーでFWが戦ってくれていたので、BKとしては簡単にボールが回ってきました。自分自身としては簡単なミスをしてチームの足を引っ張ってしまった。（春シーズンを通しての収穫は）チーム全体で自信を持ったと思います。10連勝というのも大きいですし、カナダとアメリカのアウェーでの2連勝も、そして今日のイタリア戦の勝利も大きかった。自分自身ではゲームコントロールという部分と早い判断という点で課題が残りました。

2014年春シーズンを振り返って

2014年、まず大きなトピックスとしては、日本代表が4月から5月にかけて行われたアジア5カ国対抗に優勝し、8大会連続8度目のワールドカップ出場を決めたことだ。

やはり、勝負事である。いくら格下のアジア勢でも「敬意を示すために、ベストメンバーで戦う」とエディー・ジョーンズHCが言ったとおり、危なげなく優勝を決めた。この大会だけは強化よりも結果を重視した。

続いて5月から6月にかけて、サモア代表、カナダ代表、アメリカ代表、イタリア代表とワールドカップを想定して4試合戦った。サモア代表と、アメリカ代表かカナダ代表はワールドカップで同組の相手となる（最終的にアメリカ代表に決まった）。

そして日本代表は見事に4連勝を達成。強豪相手に勝利できた一番の要因は、やはりスクラムであろう。カナダ戦でも、後半大逆転した2トライの起点はスクラムだった。ハーフタイムでスクラムを修正したことが功を奏した。

さらにアメリカ代表を相手にスクラムで圧倒し、イタリアとの一戦ではラインアウトが機能していなかった中で、スクラムで互角に組めたことが、大きな勝因となった。2013年からスクラムのかけ声が、「クラウチ・バインド・セット」となり、8人で一体となって組むスクラムが主流となった。そんな中で、HO堀江翔太がスーパーラグビーで、スクラムワークの部分で一回りも二回りも成長したことも大きかった。

またエディーJAPANでは2年目までスポットコーチだったマルク・ダルマゾが、3年目の2014年から正式にスクラムコーチに就任。スクラムの進化は彼の手腕によるところも大きかった。

続いて5月の香港戦の終了後、香港代表HCだったリー・ジョーンズが日本代表のディフェンスコーチに、6月からはLO引退したばかりの元イングランド代表LOスティーブ・ボーズウィックがFWコーチに就任した。

リーチにキャプテンを変え、「自分より優れた経験や知識を持った人を呼ぶ」とコーチ陣を刷新するなど、エディー・ジョーンズHCは1年後のワールドカップに向けて、着々と脇を固めていった。細かい部分を強化しながらも、テストマッチで連勝を続け、ついに世界ランキングは10位まで上昇した。1年後に向けた準備は、順調そのもののように見えていた。

残り1年を切ったワールドカップへの準備
予選プールを想定した秋シーズン4試合

2014年11月

8日マオリ・オールブラックス戦第2戦（秩父宮ラグビー場）
23日ジョージア戦（ミヘイル メスキスタジアム）

エディー・ジョーンズHCは、6月のイタリア代表との試合あたりから「すべてはワールドカップのための準備」という言葉を繰り返し、同年7月には「ワールドカップの初戦の南アフリカ戦のメンバーは決まっています」とも言っていた。

そして、いよいよワールドカップまで1年を切った11月、日本代表は4試合を行う。最初の2試合はテストマッチではないが、マオリ・オールブラックスとの試合。後半2試合は欧州でルーマニア代表、ジョージア代表と戦った。

マオリ・オールブラックスは「オールブラックス」ことニュージーランド代表に準じるチームで、マオリ民族の血が入っている選手で構成される。みな国内リーグであるITMカップやスーパーラグビーのレギュラークラスばかりだ。「世界ランキング6位～7位に相当する」とエディー・ジョーンズHCが言うとおり、攻撃力やカウンター能力は世界有数であり、来日したW

ＴＢネヘ・ミルナースカッダーは２０１５年のスーパーラグビーだけでなく、ワールドカップでも本家オールブラックスで大活躍した。

マオリ・オールブラックスは、アンストラクチャーからの攻撃が得意な、ワールドカップで対戦するサモア代表、アメリカ代表を想定できるチームだった。

またルーマニア代表、ジョージア代表は、２年前にもアウェーで戦った相手であり、セットプレーが得意な南アフリカ代表、スコットランド代表をイメージしたマッチメイクだった。

とりわけ、この4試合は「ワールドカップの予選プール」を想定した戦いで、しっかりと事前に合宿も行い、試合に備えた。

さらに、スーパーラグビーとトップリーグで1年中ラグビーをしていたSH田中史朗、HO堀江翔太には休養を取るように勧める一方で、新しい選手も試した。当然、すでにエディーJAPANは3年目、この11月でアピールできなかった選手は、２０１５年のワールドカップメンバーに入るのはかなり厳しくなることは明白だった。

指揮官のお眼鏡にかなったのは、ルーキーのNO8アマナキ・レレィ・マフィや、3年居住の条件をクリアしているWTBカーン・ヘスケスといった突破力に優れた選手に加え稲垣啓太、垣永真之介といった若きPR陣だった。新しい力がチームにどのような相乗効果をもたらすか。楽しみな4試合だった。

◉マオリ・オールブラックス戦第2戦　レビュー

「世界ランキング6位~7位に相当する」とエディー・ジョーンズHCが評価していたマオリ・オールブラックスとの第2戦は、場所を神戸から東京に移して行われた。1戦目、日本代表は自陣からでも積極的にアタックを仕掛ける戦略を取ったものの、ミスからカウンターを喫してしまい21－61で大敗していた。

2戦目は「もっとスマートにプレーできれば良い試合になる」と指揮官が断言した通りの試合となる。SO小野晃征やFB五郎丸歩がキックを使って、敵陣で戦う意識が高かった。またアタックでも順目だけでなく、逆サイドを攻める形や、FWのピック&ゴーを交えるなどの工夫が見えた。

前半早々、ディフェンスが崩れて2トライを許すも、38分に日本代表はすばらしいアタックを見せて、WTB山田章仁が左隅にトライ。さらに後半7分には、武器となっているスクラムでペナルティートライを得て、14分にはFB五郎丸のPGで、15－15と同点に。32分には再びFB五郎丸がPGを決めて18－15ととうとうリードする。

このまま守り切れば勝利という展開だったが、試合終了間際にトライを許してしまい、18－20で敗戦してしまった。だが、1戦目の大敗から見事に立て直し、2014年、ホームでの最終戦で進化している姿をホームのファンに見せることに成功した。

そして、11月10日付けの世界ランキングにおいて、日本代表は初めて一桁となる9位に入った。

リポビタンDチャレンジカップ2014 第2戦

2014/11/08(土)秩父宮14:00

日本代表		マオリ・オールブラックス
18	5 前半 15 / 13 後半 5	20

T	G	PG	DG		T	G	PG	DG
1	0	0	0	前半	2	1	1	0
1	1	2	0	後半	1	0	0	0

		日本代表			マオリ・オールブラックス
FW	1	稲垣啓太	FW	1	クリス・イーブス
	2	木津武士		2	コーディー・テイラー
	3	畠山健介		3	マイク・カインガ
	4	トンプソン ルーク		4	トム・フランクリン
	5	真壁伸弥		5	ブレイド・トムソン
	6	ツイ ヘンドリック		6	ダン・プライヤー
	7	リーチ マイケル		7	ショーン・ポルウォート
	8	アマナキ・レレイ・マフィ		8	エリオット・ディクソン
HB	9	日和佐篤	HB	9	クリス・スマイリー
	10	小野晃征		10	イハイア・ウェスト
TB	11	山田章仁	TB	11	ジェイムズ・ロウ
	12	マレ・サウ		12	チャーリー・ナタイ
	13	松島幸太朗		13	マット・プロクター
	14	カーン・ヘスケス		14	カート・ベイカー
FB	15	五郎丸歩	FB	15	ネヘ・ミルナースカッダー
RESERVE	16	長江有祐	RESERVE	16	ジョー・ロイヤル
	17	湯原祐希		17	ブレンドン・エドモンズ
	18	垣永真之介		18	ニコラス・バレット
	19	大野均		19	ヘイデン・トリッグス
	20	ヘイデン・ホップグッド		20	ミッチェル・クロスウェル
	21	内田啓介		21	ジェイミソン・ギブソンパーク
	22	立川理道		22	マーティー・マッケンジー
	23	山中亮平		23	ジョー・ウェバー

◎マオリ・オールブラックス戦第2戦を終えて

エディー・ジョーンズHC

今日はテストマッチのような試合でした。ラグビーでは時には試合がこちらを愛してくれないことがあります。今日はまったくその通りになりました。だが日本代表のパフォーマンス、選手たちを誇りに思います。セットピースも良かったです。アタック、ブレイクダウン、ディフェンスも改善されました。畠山（健介）のようなベテランも良かったし、ナキ（アマナキ・レレィ・マフィ）のような若手も成長しています。ワールドカップに向けて自信になりました。今後、このような試合で最後に勝ち切ることを徹底してやっていきたい。

PR畠山健介

今日の戦い方は、エディー・ジョーンズHCが寝ずに考えたと言っていました。今まで自分たちがやってきたアタックと、近場の攻撃を加えて良いアタックをしていこうとしました。近場を攻めるのは個人判断に任されていました。最後は狙いすぎました。バランスが大事です。試合の終盤までシェイプ、リンケージ、近場でといろんなことから攻めていくのは今後の課題ですが、いろんなところから攻めていくのがジャパンウェイです。

結果としては非常に残念でした。しかし選手たちのパフォーマンスは良かったですし、前の試合からここまでしっかり準備してくれたスタッフ、足を運んでくれたファンの人にお礼を言いたいです。本当にチームメイトを誇りに思っています。

SO小野晃征

あと少しのチャンスで勝てなくてがっかりしました。相手のバックスリーの動きを見ながら、しっかりスペースを攻めることができました。ただ前半途中の10分で2トライを取られたところがいらなかった。（ポジション争いに関しては）一人ひとりがレベルアップをしながら緊張感を持って練習ができています。

WTB山田章仁

今日はアタックのバランスが良かったです。（トライのところは）みんながつないでくれていたし、五郎丸（歩）が絶妙のタイミングでパスをくれました。相手の間合いを見ながら行けると思いました。

CTB松島幸太朗

（相手がマオリ・オールブラックスでも）通用したと思います。13番でプレーすることでボールタッチも増えて、自分がしたいと思ったこともできました。やりやすさがありました。

WTBカーン・ヘスケス

先発で出場して自分自身としてはファイトできた。結果は残念でしたが、日本代表にとって良い経験になったと思います。

CTB山中亮平

日本代表に戻ってこられるとは正直、3年前は思えませんでした。いろんな人に感謝したい。ファンの人が声援を送ってくれたのでうれしかったです。7分という短い時間だったのでフィジカルの部分で思いっきりやりました。ゲームの理解、フィジカルの部分を今後、上げていきたいです。

FB五郎丸歩

個人的にはBKでトライを取れたことがうれしい。誰もが先週の40点差を埋められないと思っていたのではないでしょうか。1戦目が終わって（大敗し）少し迷いが出てくるところですが、やってきたことが自信につながった。そのことが一番大きいです。

◉ジョージア戦　レビュー

11月15日、ルーマニア代表にFB五郎丸歩のPG6本で18－13で勝利した日本代表は2014年の最後の試合として、23日、アウェーでジョージア代表と対戦した。FWが強い相手に「仮想・南アフリカ代表」として、そして2年前からどれくらい強くなっているかを計る絶好の相手だった。

だが、2年前より進化をしている姿を見せたのは日本代表よりもジョージア代表のほうだった。日本代表は自信を持っていたはずのスクラムで圧倒されペナルティーを与えてしまい、ゴール前のラインアウトモールも押し込まれる。前半15分、25分に2トライを献上した。

日本代表は31分に五郎丸のPG、33分にスクラムからNO8アマナキ・レレィ・マフィが突破し、WTBカーン・ヘスケスがトライを挙げて10－12と2点差としたが、ロスタイムに再びトライを許し10－17とリードを広げられた。

後半もジョージア代表が再びスクラムで優位に立ち、15分、BKでもキックカウンターからトライを挙げて10－25と大きくリードされる。日本代表も控えメンバーを投入し、31分に再びヘスケスがトライを挙げて17－25と追い上げに成功する。

だが、後半最後にさらに1PG、1トライを追加され17－35。日本代表はロスタイムにCTB立川理道がトライを返したが、24－35で敗北を喫した。

自慢のスクラムは崩壊し、テストマッチ連勝記録が11で止まった。

リポビタンDツアー2014 第2戦

2014/11/23(日)ミヘイル メスキスタジアム(トビリシ)

日本代表		ジョージア代表
24	10 前半 17	35
	14 後半 18	

T	G	PG	DG		T	G	PG	DG
1	1	1	0	前半	3	1	0	0
2	2	0	0	後半	2	1	2	0

		日本代表			ジョージア代表
FW	1	三上正貴	FW	1	ミヘイル・ナリアシビリ
	2	木津武士		2	シャルバ・マムカシビリ
	3	畠山健介		3	ダビド・クブリアシビリ
	4	トンプソン ルーク		4	ギオルギ・ネムサゲ
	5	伊藤鐘史		5	レバン・ダトゥナシビリ
	6	ツイ ヘンドリック		6	ギオルギ・トゥヒライシビリ
	7	ヘイデン・ホップグッド		7	ビクトール・コレルシビリ
	8	アマナキ・レレィ・マフィ		8	ラーシャ・ロミゼ
HB	9	日和佐篤	HB	9	バシャ・クチシュビリ
	10	田村優		10	ラーシャ・ハマラゼ
TB	11	カーン・ヘスケス	TB	11	アレクサンドル・トゥドワ
	12	立川理道		12	メラブ・シャリカゼ
	13	マレ・サウ		13	ダビド・カチャラヴァ
	14	松島幸太朗		14	タマズ・ムチェドリーゼ
FB	15	五郎丸歩	FB	15	メラブ・カビリカシビリ
RESERVE	16	稲垣啓太	RESERVE	16	シモン・マイスラーゼ
	17	湯原祐希		17	ズラブ・ジワニア
	18	垣永真之介		18	レバン・チラチャバ
	19	大野均		19	コテ・ミカウタゼ
	20	真壁伸弥		20	ギオルギ・チャイゼ
	21	矢富勇毅		21	ギオルギ・ベカゼ
	22	小野晃征		22	ベカ・ツィクラウリ
	23	廣瀬俊朗		23	ギオルギ・アプツィアウリ

◎ジョージア戦に向けて

エディー・ジョーンズHC（試合2日前、メンバー発表後の囲みにて）

ジョージア代表のFW前5人はフランスでプレーしていて、毎週末、人生をかけてセットプレーをしています。また大きくて身体能力も高い。フィジカル面に誇りを持っている。ワールドカップで対戦する南アフリカ代表と一番近いタイプの相手と試合をやれます。

この1週間、一番良い準備ができました。日本代表はリーチ（マイケル）キャプテンがケガでいない中で、逆に良い機会になると思います。シニアプレイヤーたちがキャプテンの役割をシェアして、もう少し責任を持ってやってほしい。また選手層がどれくらい厚いのかを示す機会です。成長し、なおかつ勝つのが一番良いことですが、勝敗よりもチームが成長して、ワールドカップに向けて準備ができていることのほうが重要です。

ゲームキャプテンPR畠山健介

ゲームキャプテンだからと言って、そんなにプレッシャーがあるわけではないです。今週は激しい練習して、良い準備ができました。リーチキャプテンがいない中、リーダーたちや選手たちがゲームを作っていかないといけない。またエディーがジョージア代表をワールドカップで戦う南アフリカ代表と想定しています。セットプレーを起点に崩してくる、大きい相手にどこまで戦うことができるか試されていますし、チームとしても成長できる、意義のあるテストマッチになると思います。スクラムリーダーとして、まずスクラムを安定させることが大事。スクラムでは2年前より成長した部分を見せたいし、日本代表が自信を持っていい部分です。

◎ジョージア戦を終えて

エディー・ジョーンズHC

今日のジョージア代表は2年前より非常に良かったし、ハーフタイムの時点でセットプレーが劣勢に立たされているのがわかったので、後半からはボールポゼッションを武器に戦うしかなかったです。

テストマッチではセットピースでボールを獲得できないとゲームプランどおりに進めるのは非常に難しい。良かったことはこのような経験をジョージア戦で得られたことです。

また何人かにテストラグビーを経験させることができました。控えの3番が初キャップ、控えの1番が2キャップ目です。シンビンももらいました。スクラムを強くするためにフィジカルを強くしていかなければなりません。スクラムはいくらテクニックがあっても、ジョージアのようにテクニックもあり大きな相手には勝てません。今のままでは不十分です。

ジョージア代表には負けましたが、シーズンを通してテストマッチ10試合で9勝1敗というのは喜んでいい成績です。スクラムは強化されていますが、さらに強化していく必要があります。モールディフェンスもさらに強化していかないといけない。アタックに関しては今シーズン通して、個人のミス以外のところは良かった。

ワールドカップで勝つためにはさらにさらに強化、成長していく必要があります。ワールドカップイヤーで良いことは来年の４月から強化できる点にあります。

ゲームキャプテンPR畠山健介

スクラムは試合を通してずっと劣勢でした。ワールドカップに向けてスクラム、セットピースは改善していかないといけないポイントです。

スクラムがいきなり強くなるわけではないので、まずフィジカルの強化ともっと8人で戦うというマインドをしっかり持っていく必要があります。ワールドカップまで時間がないので、より多くの相手とスクラムを組むことが大事です。

セットピースが安定できれば、もっといいチームになれます。ワールドカップでも勝てる。サントリーに戻ってもインターナショナルレベルということを意識してプレーしていきたい。

バイスキャプテンFB五郎丸歩

後半、継続できたところではトライにつながっていました。今後、バランスを考えないといけません。勝ち続けるということがいかに難しいかがわかりました。

ただの敗戦にするのではなく、ここから学んでレベルアップして、ワールドカップで自分たちが目指しているところにいけるようにしたい。個々の能力プラスアルファをしていかないとワールドカップの初戦の南アフリカ戦は厳しい戦いになると思います。

自分たちがレベルアップしているところ、できていない課題は明確です。今日の試合で負けたのはＦＷだけの責任ではない。もっとＢＫが試合をコントロールしないといけない。

日本代表が確実に成長している手応えはあります。11連勝は過去の日本代表ができなかったことですし、今日負けたことで下を向く必要はない。ワールドカップまで、あと10カ月で立て直していきたいです。今日の敗戦を忘れずに、また春に集合したいと思います。

キャプテンＦＬリーチ マイケル

とてもタフなゲームでした。日本代表のスクラムは11連勝を支え、スクラムによって最近は試合を有利に進めることができていましたが、スクラムもモールディフェンスももっと強化しなければなりません。何が足りないのか、同じミスをしないための準備をする上で、学んだことの多い試合だった。ワールドカップに向けていい教訓になりました。

2014年秋シーズンを振り返って

2014年11月の4試合が、ワールドカップに向けて戦略、戦術といった戦い方の方向性を見極め、そして選手選考のベースとなったことは明白だった。

マオリ・オールブラックスとの1戦目は、自陣からでも強引にアタックしたが、機能せず「自分たちの弱みを知れた」(FLリーチキャプテン)。また2戦目は1戦目と戦略、プランを変えて、いわばワールドカップ仕様の戦い方を披露し、2点差まで迫った。

「ワールドカップに向けて、ちょっとは自信がついた試合になりました。特にBKはそうだったと思います。2試合目は蹴るオプションや、僕が逆目に立ったりしてオプションを増やしたらバランスが良くなった。だいぶいい感じになりました」(リーチキャプテン)

指令塔のSO小野晃征もこう振り返っていた。「それまでシェイプというのにこだわっていたのが、マオリ・オールブラックスの2戦目あたりから、スペースにどう運ぶか考えるようになって、いいラグビーができるようになった」

しかも最後の最後でトライを許して逆転負けし、勝つことができなかったため、より練習に身が入ったという。

マオリ・オールブラックス戦がBK陣にとって大きな自信になったのとは逆に、2度目のジョージア代表との試合は、日本代表のFWの鼻をへし折られる結果となった。2013年のオールブラックス戦、2014年のイタリア戦でもスクラムを押すことができていた。直前のルーマニア代表でも、ペナルティートライを獲得していた。

だがジョージア代表にはまったく歯が立たなかった。「粉砕されました」(LO大野均)、「初めての欧州遠征だったんですがボコボコにやられた」(HO木津武士)と振り返っていた。

日本代表のFW陣にとっては、このジョージア代表のスクラムにどう勝つかというのをテーマに、練習を続けた。それがワールドカップの勝利に大いにつながった。PR畠山健介もずっと「ジョージアのスクラムを思い出さなきゃいけない。こんなもんじゃないぞ」と声をかけていたという。

ワールドカップに向けてFW、BKにとっても11月の4試合は有意義な時間となった。

2014年は世界ランキングで初めて9位になり、ジョージア戦で止まったがテストマッチ11連勝を達成するなど、日本代表は進化の歩みを止めることはなかった。

2014年12月8日
2014年総括会見

12月8日、日本代表の2014年の総括会見が行われた。史上初の10連勝、世界ランキングトップ10入り、そしてマオリ・オールブラックス戦、欧州遠征……。ワールドカップ前年となる1年を指揮官はどうとらえたのか。

◎エディー・ジョーンズHC

今年は日本のラグビーにとって非常にいい年でした。テストマッチ10戦を行い、9勝1敗で、その中に初キャップ選手が9名生まれました。久しぶりに代表でプレーした選手も2名いました。その一方でシーズン中に8名の選手が離脱したこともありました。シーズンの最終戦であるジョージア戦では、9名のレギュラー選手がおりませんでした。

その中でも学ぶことがたくさんありました。大きなことは、タイトファイブ（FW前5人）はまだまだ強さが足りないということです。ここの部分はもっと大きな進歩や改善が必要です。テストマッチでは最高レベルのフィジカルが求められます。

マオリ（・オールブラックス）との試合を経験して、もっともっと速くなることが必要だと思いました。セットピースについては非常に進化しました。ラインアウトは良いところもいっぱいありましたが一貫性、安定性がもっと必要です。スクラムに関しては、ジョージア戦で崩れた部分がありました。

学ばなければいけないことは選手が柔軟性を持つことです。フィールド上の様々なリアクションに反応していくこと。何をすべきか、一番良いプレーはどうしたらいいか。セットピースだけでなく、アタック、ディフェンス両面での話になります。

そのために私たちは戦術的に賢くならなければなりません。先週、ドイツにあるサッカーのバイエルン・ミュンヘンを訪れました。サッカーの世界では、現在「戦術的ピリオダイゼーション」を導入しているチームがあります。あらゆる練習を試合の中で戦術的に戦うための準備として行うものです。ストレングスやスピードも、その一部です。すべての要素の練習を戦術に重点に置いてプランしていくというのが戦略的ピリオタイゼーションです。

個人的に来年は非常に楽しみにしています。我々の『トップ８に入る』という目標を達成しなければなりません。そこに到達するには選手と一緒に多大なコミットメントやフィジカルの準備も必要です。

その一方で私たちコーチ陣も、もっと賢くやっていかないといけない。今、申し上げたことを、きちんと達成することができれば、設定した目標に到達できます。

すべてにおいて、我々がどんなプレーをしたいのかということにつながっていくようにプランニングしていきます。ワールドカップでの対戦国を見ていけば、南アフリカ代表とスコットランド代表はどちらも非常にストラクチャーを重視するチームです。次にサモア代表とアメリカ代表との2試合は、組織だったゲームをして勝利する準備をしなければなりません。

また、ラグビーという競技においてはレフリーの存在がいつも重要になってきます。今、世界には12名のトップレフリーがいます。北半球と南半球で特性が異なります。特にスクラムのレフェリングは非常に違ってきます。ラグビーの試合ではスクラムとブレイクダウンのペナルティーが全体の70%を占めてきています。だから、これらの部分で問題が起きたら、きちんと自分たちで問題解決すべきなのです。

写真:齋藤龍太郎

第4章 2015年

◉2015年 ラグビー日本代表 試合結果

4月18日　〇日本56−30韓国(@仁川)
5月2日　〇日本41−0香港(@秩父宮)
5月9日　〇日本66−10韓国(@レベスタ)
5月23日　△日本3−0香港(@香港)※悪天候のため中止され引き分け扱いに
7月18日　〇日本20−6カナダ(@サンノゼ)
7月24日　●日本18−23アメリカ(@サクラメント)
7月29日　●日本22−27フィジー　(@トロント)
8月3日　●日本20−31トンガ(@バーナビー)※3位決定戦
8月15日　●日本(JAPAN XV)　20−45世界選抜(@秩父宮)※
8月22日　〇日本30−8ウルグアイ(@レベスタ)
8月29日　〇日本40−0ウルグアイ(@秩父宮)
9月5日　〇13−10ジョージア(@グロスター)
※非テストマッチ

◉2015年はこんな年

ワールドカップイヤーである2015年。日本代表は宮崎での120日間に及ぶ合宿を予定していた。「昨年は連勝していることもあり、教えなさすぎた」というエディー・ジョーンズHCは最初の4月～ 5月の2カ月は、個々や接点、キックオフ、ユニット練習にもだいぶ力を注いでいた。全体練習では、昨年から練習していたが、弱点であった攻守が切り替わった時の反応の早さ、自陣からのキックの脱出にも重点が置かれた。トレーニングしながらアジアの試合を戦い、イングランドの視察も敢行した。

「過酷な訓練」と銘打たれた6月、12日×2回の合宿を行い、1週間ずつワールドカップで戦うチームを想定してトレーニングを行った。そしてスーパーラグビー組やケガ人が戻ってきた7月～ 8月、北米遠征へと出発した。20日間ほどで4戦行うフォーマットは、「ワールドカップの前哨戦」という位置づけだったが、この北米遠征で3連敗を喫するなど、ワールドカップに向けて不安視された。

しかしワールドカップメンバー 31名が決まり、渡英後に対戦したジョージア戦に勝利。1年前FWが圧倒されて敗れた相手と互角に戦い、特にFWにとっては大きな自信につながった。

ついに迎えたワールドカップ。日本代表は予選プール初戦、南アフリカ代表を破る。実にワールドカップでは24年ぶりの勝利だった。選手たちのテーマは「自主性を持ったチームになろう」だった。最後のシーンでPGではなく、選手たちでスクラムを選択したことが大金星につながった。

続くスコットランド戦こそ負けたが、サモア代表、アメリカ代表に勝利。勝点差で決勝トーナメントには進むことができなかった。それでも次回のワールドカップの出場権を獲得し、日本ラグビーを世界にアピールすることに十分成功した。

2015年3月5日
日本代表第2次候補選手発表記者会見

2015年3月5日、日本ラグビー協会にてワールドカップ2015へ向けた日本代表第2次候補選手の発表会見が行われ、FW19名、BK12名、負傷選手として4選手、合宿帯同選手1選手（6月に代表資格を獲得するティム・ベネット）、スーパーラグビー出場により欠席となる6選手が発表された（※1月の第1次メンバー発表から増えたのはNO8マフィのみ）。結局、第3次、4次と発表があったが、ほとんど変わらず、このメンバーからケガ人以外は追加されることはなく、ワールドカップメンバーの31名が選出されることになる。

◎エディー・ジョーンズHC

来月からアジアラグビーチャンピオンシップが始まり、このメンバーで臨みます。すべてのゲームに勝利したい。その一方で頭の片隅にはワールドカップを見据えています。だから、この大会に備えたトレーニングは我々にとても重要です。

ティア1の選手たちは、スーパーラグビーでティア1レベルの試合を16試合戦っています。そういった相手にワールドカップを戦うにはギャップを埋めなくてはなりません。そのために我々に唯一残されているものは練習です。４月の宮崎合宿ではしっかりと用意をして臨んでいきたい。

スコットのリストがここにあります。その中で６名が今スーパーラグビーでプレーをしています。それ自体は我々にとってとてもポジティブなことだと思います。さらに４名負傷している選手がいます。堀江（翔太）については首の手術をしたばかりです。真壁（伸弥）についてはハムストリングのケガをしています。（アマナキ・レレィ）マフィはトップリーグの試合で負傷しています。小野（晃征）も首のケガをしています。この４人はケガの状況によって合宿に参加してくることになります。この42名の選手が31の枠を競うことになります。

――競争してほしいポジションは？

１番から15番まで（日本語で）。大事なのはどの選手にもレギュラーの保障がなく、みんなが競い合うことです。本当にいい選手が揃っています。昨日、スクラムハーフの選手と話しましたが、フミ（田中史朗）は、我々にとって最高のスクラムハーフです。日和佐（篤）、矢富（勇毅）は彼が７月に戻ってきた時に、同じレベルのプレーができ、我々が誰を選ぼうかという状況になっていないとなりません。それが彼らに与えられた仕事です。

――クレイグ・ウィング選手やアイブス ジャスティン選手、ホラニ龍シオアペラトゥー選手などは今シーズン試合出場する機会が少なかった。

選考の際に、その選手のこれまでの経験や実績も考慮しています。そして現在の状態と、今後のポテンシャルというのを見ていきます。（クレイグ・）ウィングは今ベストだと思います。強いプレーヤーで、あのような選手を南アフリカ戦では必要としています。ウェールズとの2戦目で我々が勝利した時でも、彼が起点となってくれました。ジャスティン（アイブス）も全く同じ理由の選出です。

タイトヘッドPRは非常に重要なポジションの一つです。スクラムでボールが出てこない状況になった時に対応できるよう、畠山（健介）、山下（裕史）、垣永（真之介）の3人を入れています。（ホラニ龍）シオアペラトゥーはパナソニック戦を見ていてスクラムが非常に良かった。当たりも良かった。南アフリカ戦ではそういった当たりの良い選手を必要にしています。

――1月から新しい選手が選考されなかった理由は？

新しいメンバーとなるべき選手自身から手を上げてきてほしい。日本選手権の決勝を見ました。五郎丸、矢富、マレ・サウ、モセ・トゥイアリ、松島の5人の選手が手を挙げているように見えました。この中に名前のなかった選手たちは……ということです。セレクションはシンプルです。これからはインターナショナルレベルでの試合となります。このレベルで能力を発揮することが必要です。国内のレベルでいいからといって選手を選ぶようなことはしません。フィジカルにおいても、国内のラグビーで求められるレベルとインターナショナルレベルでは別物です。

最後に一つだけ申し上げたいです。ワールドカップまでのすべてのテストマッチに勝利したい。それが今年の成功につながると思います。私たちの最後の目標はワールドカップで勝利して、決勝トーナメントに進出することです。

ラグビーワールドカップ2015　日本代表第2次候補選手（3月6日時点）

（ポジション、名前、所属、キャップ数　※いずれも当時）

FW:19名
アイブス ジャスティン（キヤノン、23キャップ）
有田隆平（コカ·コーラ、7キャップ）
伊藤鐘史（神戸製鋼、28キャップ）
宇佐美和彦（キヤノン、0キャップ）
大野均（東芝、87キャップ）
垣永真之介（サントリー、1キャップ）
木津武士（神戸製鋼、29キャップ）
トンプソン ルーク（近鉄、49キャップ）
長江有祐（豊田自動織機、17キャップ）
畠山健介（サントリー、60キャップ）
平島久照（神戸製鋼、35キャップ）
マイケル·ブロードハースト（リコー、16キャップ）
ヘイデン·ホップグッド（釜石SW、3キャップ）
ホラニ龍コリニアシ（パナソニック、35キャップ）
ホラニ龍シオアペラトゥー（パナソニック、0キャップ）
三上正貴（東芝、23キャップ）
村田毅（NEC、0キャップ）
山下裕史（神戸製鋼、37キャップ）
湯原祐希（東芝、18キャップ）

BK:12名
クレイグ·ウィング（神戸製鋼、7キャップ）
内田啓介（パナソニック、8キャップ）
五郎丸歩（ヤマハ発動機、43キャップ）
マレ·サウ（ヤマハ発動機、20キャップ）
立川理道（クボタ、28キャップ）
田村優（NEC、26キャップ）
廣瀬俊朗（東芝、23キャップ）
日和佐篤（サントリー、38キャップ）
福岡堅樹（筑波大学、11キャップ）
藤田慶和（早稲田大学、18キャップ）
カーン·ヘスケス（宗像サニックス、2キャップ）
矢富勇毅（ヤマハ発動機、14キャップ）

負傷選手:4名
堀江翔太（パナソニック、32キャップ）
真壁伸弥（サントリー、29キャップ）
アマナキ·レレィ·マフィ（NTTコム、2キャップ）
小野晃征（サントリー、24キャップ）

合宿帯同選手:1名
ティム·ベネット（キヤノン、0キャップ）※6月1日に日本代表資格取得予定

選考対象外選手（スーパーラグビー参加選手）:6名
稲垣啓太（パナソニック／レベルズ、2キャップ）
ツイ ヘンドリック（サントリー／レッズ、27キャップ）
リーチ マイケル（東芝／チーフス、38キャップ）
田中史朗（パナソニック／ハイランダーズ、44キャップ）
松島幸太朗（サントリー／ワラターズ、6キャップ）
山田章仁（パナソニック／フォース、10キャップ）

2015年6月29日　日本代表第3次候補選手発表記者会見

6月29日、ラグビーワールドカップ2015イングランド大会に向けた、日本代表第3次候補選手37名が発表。その会見で、エディー・ジョーンズHCは、7月18日から北米で行われる、パシフィックネーションズ・カップ（PNC）への戦い方やワールドカップに向けての現状を語った。※合宿中に負傷したPR長江有祐、PRホラニ龍シオアペラトゥー、HO有田隆平、SH矢富勇毅の4名がケガのためスコッドから外れた。

◎エディー・ジョーンズHC

ワールドカップへ向けてセカンドステージへ進みます。6月、宮崎で非常にいい合宿が行えて、選手たちのストレングス、バックスのスピード、フォワードの仕事量も上がりました。ボールを持っていないところの動きの向上が見られました。次は北アメリカで4試合を行います。カナダ代表、アメリカ代表、フィジー代表との試合を控えています。そして勝ち進めば決勝戦もあります。

37名の選手を選びました。そして6人の選手たちが途中で合流します。

ＰＮＣではすべての試合を勝ちにいきますが、チームをより成長させるためのいい機会だと捉えています。それは、ワールドカップの戦略を試すことができますし、37人がポジション争いをすることとできるからです。

ワールドカップには31名の選手しか行くことができません。ＰＮＣが終了した後で６名の選手たちが残念な思いをします。当落のポイントは、現時点でのパフォーマンスと今までのパフォーマンスです。そしてワールドカップまでの短い期間でどれだけ成長できるか。だから今回のアメリカ遠征を楽しみにしています。

みなさんに一つ思い出していただきたいことがあります。２０１１年のＰＮＣで優勝したのはどのチームでしょう？　トライネーションズで優勝したのはどのチームでしょう？　そしてその後のワールドカップで何が起こったか？　そういう意味で、ＰＮＣでは自分たちのプレーを磨き上げて、ワールドカップへの準備をいろんな手法で行います。

――ＰＮＣの位置付けとして、ワールドカップのシミュレーションなのか、足りない部分を強化するのか？

両方ですね。カナダ戦は南アフリカ戦を想定します。カナダ代表は非常に大きい選手が多くてセットピース重視のチームだからです。フィジー戦は、サモア戦を想定しています。ワールドカップにむけて予行演習となります。今回のアメリカ戦では、ポーカーのように、まったく手の内は明かしません。

――これから成長が必要な部分は？

実際のところ、特に宮崎で学んだことはありません。トレーニングしていただけです。我々は何が必要かわかっています。ワールドカップで勝利するには、いいセットプレーで相手に勝つ、いいディフェンスをする、そしてチャンスをポイントに変えることが必要です。そして現状のレフリングを見ると、スクラムがワールドカップの中心になるでしょう。我々はスクラムに時間をかけています。カナダ戦、フィジー戦で現状の問題を把握し、より強化していかなければならない部分が見えてくる。ラインアウトも向上していますが、ゲームで実践するまではわかりません。

――スーパーラグビーに参加している選手のパフォーマンスは？

1人しかプレーしていません（笑）。リーチ（マイケル）は大きく成長したと思います。しっかりした練習と気持ちで試合に取り組んでいます。そして彼のディフェンスの質が変わりました。ディフェンスでよりいい判断をしています。効果的なロータックル、ジャッカルする際のタイミングも良かった。非常に感銘を受けました。フミ（田中史朗）はプレーしていません。彼のコンディションがどういうものか把握しづらいです。ヘンディー（ツイ ヘンドリック）は20〜30分くらいプレーしました。ボールキャリアができることはわかっています。残念ながら、他の選手は、スーパーラグビーでプレーできるほどは良くなかったということですね。けれども、いい選手になるには、どれだけの準備をすればいいかということを理解し、練習に向けてのいい姿勢を持ち帰ってくれればいいと思います。

――31名はどういう選手を選考するのか？

　ワールドカップでは明らかなことですが、毎試合ベストチームで戦います。３〜４人は試合に出ない可能性があります。それらの選手に求めるのは、ハードワークをする、チームメイトをサポートしてくれる、環境を良くしてくれる、という点です。そういう意味で選ぶ選手も出てくるでしょう。26名〜27名の選手はベストプレーヤーという位置づけです。日本代表のために、ベストなテストマッチをするのは誰か。それを見極めるだけです。

――残り時間は十分でしょうか？

　時間はいくらあっても十分ではありません。今までの（選手たちの）成長には満足しています。けれども、選手たちは２０１４年のジョージア戦、ルーマニア戦以降、ハイレベルな試合をまったく行えていません。

　だからこそ、トレーニングの強度を上げて、試合を想定して行ってきました。ですが何をやっても本当のゲームのようにはできません。７カ月、ハイレベルな試合を行っていないのです。何が起こるかわかりません。競走馬を走らせることと同じです。練習ではいい走りをするかもしれませんが、本番のレースになったら状況が変わってくるでしょう。ですからスコッドに関しても全くわかりません。だからこそ、ＰＮＣが重要になっていきます。

ワールドカップに向けての前哨戦
指揮官まさかの会見拒否

2015年
7月29日フィジー戦(BMO Field)
8月3日トンガ戦(カナダ・バーナビー スワンガードスタジアム)

「ワールドカップに向けての前哨戦」。それが7月末から8月頭にかけてのパシフィックネーションズ・カップ（ＰＮＣ）の位置付けだった。

それもそのはず、日本代表は２０１４年11月の欧州遠征から、上位チームの対戦することができていなかった。４月から合宿を行い、４月から5月にかけて韓国代表と香港代表とホーム&アウェー方式でアジアチャンピオンシップを戦ったが、格下との対戦であり、アウェーの香港戦は大雨のため、途中で中断された。

ただワールドカップを見据えて、エディー・ジョーンズＨＣは、アジアとの試合がある週でも練習量をほとんど落とさずトレーニングを続けた。４月末には、選手たちを連れてイングランドへ視察も行い、本番で戦うスタジアムや合宿地を回った。

そして、６月は宮崎に籠もって、12日間×２回の「過酷な訓練」を行った。しかも、ほとんど天気は雨という状況。選手たちは1週間ずつ、ワールドカップで戦う相手を想定してトレーニングを積み、毎週末には試合形式の練習も行った。スーパーラグビーに行かずとも、テストマッチがなくとも、その強度に近い環境で練習を繰り返していた。

ただ、ワールドカップでは中心選手になるであろう「スーパーラグビー組」は合流せず、ケガ人の中にはまだ別メニューの選手もいた。

そして、いよいよ、PNCから選手たちが合流し、ポジション争いをしながら、ワールドカップに向けてチームを作っていく、そういった段階だった。

まず7月18日にアメリカでカナダ代表と対戦し、20－6で快勝した。バイスキャプテンのHO堀江翔太が首の手術から復帰した。他にもCTBでスーパーラグビー組の一人である松島幸太朗が先発、スーパーラグビーに1試合出場したPR稲垣啓太も途中出場を果たした。

続いて7月24日、アメリカでワールドカップで同じ組に入ったアメリカ代表と対戦。FBは五郎丸歩に替わって藤田慶和が先発させるなど本番に向けて主力は温存した。WTB山田章仁が気を吐いた試合だったが、18－23で惜敗した。

その後カナダへ場所を移し、7月29日に「PNCで一番強い」（エディー・ジョーンズHC）というフィジー代表、さらに8月3日の順位決定戦ではトンガ代表と戦うことになった。

いよいよキャプテンのFLリーチ マイケル、SH田中史朗などスーパーラグビー組もすべてメンバー入り。合流して間もなかったため、どこまでチームにフィットしているのかという危惧もあったものの、現時点での「最強」の日本代表の姿が見られる試合にワクワクもしていた。

◉フィジー戦　レビュー

7月29日、PNCの第3戦で日本代表（世界ランキング13位）は、10位と格上のフィジー代表と対戦した。初めてスーパーラグビー経験者8人を揃える最強の布陣で臨み、期待感は十分だった。だが、キャプテンのFLリーチ マイケル、ハイランダーズの初優勝に貢献したSH田中史朗らが合流してから全体練習は1日のみだった。

ワールドカップで「仮想・サモア代表」としてフィジー代表と戦った日本代表は、エディー・ジョーンズHCの指示の下、相手に自由に走らせる「スペースを与えないこと」、そして7人制ラグビーが強いフィジー代表に対して「15人制ラグビーをやる」という意図で臨んだ。つまりセットプレーと、FWの近場の持ち出しを軸に戦った。

前半20分まではキックをうまく使い、ディフェンスで相手にプレッシャーをかけて、相手の反則を誘う。FB五郎丸歩のキックも冴えており、9-3とリードすることに成功した。ほとんど完璧に近いゲーム運びだったと言えよう。

だが20分からの7分間、主にBK陣がキックミス、タックルミスを連発。相手にスペースを与えて3トライを献上。前半を終わって9—24となったことが、試合を難しくした。

後半、日本代表はゲームプランを変えず、優位に立っていたスクラムを起点に、7分にはWTB山田章仁、27分にはNO8ツイ ヘンドリックがトライを挙げて22-27と5点差まで追い詰める。その後も、相手ゴール前で攻める時間が続き、相手に2枚のイエローカードが出たものの、最後はトライを取り切れず、そのまま22—27でノーサイドを迎えた。

パシフィック・ネーションズカップ2015 第3戦

2015/07/29(水)BMOフィールド18:00

フィジー代表		日本代表
27	24 後半 9	22
	3 後半 13	

T	G	PG	DG		T	G	PG	DG
3	3	1	0	前半	0	0	3	0
0	0	1	0	後半	2	0	1	0

		フィジー代表			日本代表
FW	1	キャンピージ·マアフ	FW	1	稲垣啓太
	2	トゥアパティ·タレマイトンガ		2	堀江翔太
	3	マナサ·サウロ		3	山下裕史
	4	テビタ·ザブンバティ		4	トンプソン ルーク
	5	レオネ·ナカラワ		5	伊藤鐘史
	6	ドミニコ·ワンガニンブロトゥ		6	マイケル·ブロードハースト
	7	マラカイ·ラブロ		7	リーチ マイケル
	8	アカプシ·ンゲラ		8	ツイ ヘンドリック
HB	9	ヘンリー·セニロリ	HB	9	田中史朗
	10	ジョシュ·マタベシ		10	立川理道
TB	11	ナポリオニ·ナランガ	TB	11	福岡堅樹
	12	レバニ·ボティア		12	田村優
	13	ベレニキ·ゴネバ		13	松島幸太朗
	14	メトゥイセラ·タレブラ		14	山田章仁
FB	15	キニ·ムリムリバル	FB	15	五郎丸歩
RESERVE	16	スニア·コト	RESERVE	16	平島久照
	17	ペニ·ラバイ		17	湯原祐希
	18	イセイ·ゾラティ		18	畠山健介
	19	ネミア·ソンゲタ		19	大野均
	20	ペゼリ·ヤト		20	アイブス ジャスティン
	21	ニコラ·マタワル		21	日和佐篤
	22	ベン·ボラボラ		22	小野晃征
	23	ワイセア·ナヤザレヴ		23	藤田慶和

◎フィジー戦を終えて

エディー・ジョーンズHC

ここ最近で一番酷い試合でした。楽勝で勝てたはずなのに負けてしまいました。良い結果ではなかった。9－0とプレッシャーをかけていたのに、ケアレスミスで得点を与えてしまった。アタックでミスし、相手にスペースを与えてしまった。ワールドカップのスタンダードではありません。今日はBKのハンドリング、ランニングライン、キック、状況判断と悪かった。FWが相手を圧倒していただけに残念です。

――ワールドカップまで後50日、修正できるか？

1日1つ修正すれば、あと（50日で）50個あるので大丈夫です。今日はいいパフォーマンスをしたとはいえません。楽勝だったのに勝てなかった。自分たちのせいでフィジーに27点与えてしまった。自分たちがトライしたのは、自分たちでつかんだ得点です。

キャプテンFLリーチ マイケル

冷静に考えてプレーできました。チーム内の連携も接点も、フィットネスも悪くなかった。自分たちのボールが出せた。あとは接点で人数をかけすぎないようにしたいです。ワールドカップまで時間があるから、まだまだいけます。

バイスキャプテンHO堀江翔太

惜しかった。まだ修正するところがたくさんあります。タックルミスだったり、ハイボールが向こうに転がったりしました。これで終わりではないので、前に進めるようにいろいろと修正していきたい。相手のアンストラクチャーからの攻撃でやられました。セットピースからは僕らのテンポでできていたし、意思統一ができていたと思います。ただ、ボールをすぐに相手に渡してしまい、アンストラクチャーの状況になってしまった。そこをもうちょっと減らしていきたいです。

SH田中史朗

負けたことは悔しいですね。FWもしっかり声を出してくれて、スペースもあったので前に出せました。ボールもあまり回していなかったので、しんどいことはなかったです。FWはもっと疲れていると思います。

――もっとBKで攻めたかったか？

僕と（小野）晃征、まだ合っていない感じがしました。もっとコミュニケーションを取って、合わせていきたい。立ち位置が浅すぎるかもしれないが、それは相手の陣形に応じて変えるということを練習からやっていきたい。アタックのコミュニケーションはまだまだです。100％に近づけるように声をかけていきたいと思います。

――どんなところを改善したいか？

ミスが多かったので、スペースを突いてもチャンスにつながりませんでした。一つのタックルミスで失点してしまった。それがなければもっと優位に試合を進めることができました。そこも全体のコミュニケーションミスだと思うので、もっと話し合いながら戦っていきたいです。

SO小野晃征

いつチャンスがあるかわからないのでワールドカップ前に（そのチャンスを）つかまなければいけないと理解しています。アメリカ戦はトシさん（廣瀬俊朗）が70分近く出て、今回は自分が60分近く出た。徐々に自分のパフォーマンスもケガ前に戻ってきました。フミさんとちょっとコミュニケーションが取れていなかった部分もあります。何回もハーフ団をやったことがあるので、そんなに時間はかからないと思います。これからです。

今日の試合は、80分中70分を日本代表がコントロールしていました。フィジー代表のようなチームには『してはいけないミス』がありました。どれだけ70分の間、ゲームをコントロールしていても、簡単に2トライも与えてはいけない。ここから成長したら（この試合が）いいレッスンになります。

◉トンガ戦　レビュー

8月3日、ＰＮＣ最終戦は、トンガ代表との3位決定戦だった。前節のフィジー代表との一戦は善戦したが敗戦。最終戦は何としてもフィジカルバトルでトンガ代表に勝利したかった。

先制したのは日本代表だった。7分、ＦＢ五郎丸歩がＰＧを決めて３－０。その後、ＰＧを返されたが、調子の上がってきたスクラムでＰＧを得て、16分に再び五郎丸が決めて６－３とリードする。互いにシンビン（10分間の一時的退出）が出た後の28分、トンガ代表はゴール前で、ＦＷがフィジカルを活かして攻め込みトライ、６－10と逆転される。

直後に、相手のキックからＷＴＢカーン・ヘスケスが見事なリターンを見せて、すぐにＳＨ田中史朗が展開し、ＦＬツイ ヘンドリックが逆転のトライ。ただ、接点で押し込まれている日本代表は、試合終了間際にＰＧを２本決められてしまい、結局11－16とリードされたまま前半を折り返した。

5点を追う日本代表は後半2分、8分とＦＢ五郎丸がＰＧを決めて17－16と、再びリードする。それもつかの間、14分、マイボールラインアウトのミスから相手に攻め込まれて、最後は大外に展開されて17－21と逆転。その後、日本代表は相手のディフェンスの粘りもあり、決定機を作ることができない。

互いにＰＧを決め合って20－24で迎えた30分、ＬＯヘイデン・ホップグッドが危険なプレーでシンビンになり数的不利になると、日本代表に逆転する力は残されていなかった。39分、トンガ代表が勝負を決めるトライを挙げて20－31でノーサイドを迎えた。

パシフィック・ネーションズカップ2015 順位決定戦

2015/08/03(月)スワンガードスタジアム(カナダ・バーナビー)11:00

トンガ代表		日本代表
31	16 後半 11 15 後半 9	20

T	G	PG	DG		T	G	PG	DG
1	1	3	0	前半	1	0	2	0
2	1	1	0	後半	0	0	3	0

		トンガ代表			日本代表
FW	1	テビタ・マイラウ	FW	1	稲垣啓太
	2	エルビス・タイオネ		2	堀江翔太
	3	ハラニ・アウリカ		3	山下裕史
	4	ルア・ロコツイ		4	伊藤鐘史
	5	ウィリ・コロファイ		5	大野均
	6	ジャック・ラム		6	リーチ マイケル
	7	ニリ・ラトゥ		7	マイケル・ブロードハースト
	8	ハレ・ティーポレ		8	ホラニ龍コリニアシ
HB	9	ソナタネ・タクルア	HB	9	田中史朗
	10	カート・モラス		10	小野晃征
TB	11	フェトゥ・バイニコロ	TB	11	藤田慶和
	12	ビリアミ・タヒトゥア		12	立川理道
	13	シオネ・ピウカラ		13	松島幸太朗
	14	オトゥレア・カトア		14	カーン・ヘスケス
FB	15	ヴンガコト・リロ	FB	15	五郎丸歩
RESERVE	16	カラフィ・ポンギ	RESERVE	16	平島久照
	17	ソアネ・トンガウイハ		17	湯原祐希
	18	シラ・プアフィシ		18	畠山健介
	19	ソセフォ・サカリア		19	ヘイデン・ホップグッド
	20	ビリアミ・フィハキ		20	ツイ ヘンドリック
	21	ウェイン・ンガルアフェ		21	日和佐篤
	22	マーティン・ナウファフ		22	クレイグ・ウィング
	23	ラティウメ・フォシタ		23	ティム・ベネット

◎トンガ戦を終えて

スティーブ・ボーズウィックＦＷコーチ

３試合負けて残念ですが教訓になりました。ワールドカップでは大きい選手と対戦するので、ディフェンスや戦術の改善、そしてアタックでは機会がある時にジャパンウェイでやることが必要です。ポジティブなところはＦＷが良いパフォーマンスをし、機能していました。

一番大事なのは学ぶことができたことです。課題をしっかり把握できて、ワールドカップに向けてしっかり準備できることです。

キャプテンＦＬリーチ マイケル

負けてすごく悔しいです。自分たちの強さをまったく出せなかったのは残念です。ブレイクダウンでボールが出せなかった。ペナルティーでのショットの選択で、リズムがなかなか作れなかった。ショットの選択では良い勉強になりました。

タイトなゲームはＰＧを狙っていこうと話していたが、ＦＷとしては全然、日本のラグビーをやっていなかったので崩してからやりたいと思っていました。ワールドカップでは取れるところでポイントを取らないといけない。スクラムもモールも自信がありましたが、五郎丸（歩）選手はショットと言っていた時がありました。難しいところです。

――ボールを動かしてトライができなかった。

フミ（田中史朗）さんが前々日練習で、このブレイクダウンの質ではワールドカップで勝てないと言ってくれたから、これからもっともっともっとやらないといけません。日本はブレイクダウンを遅らせられれば何もできないだろうと相手は分析してくるだろうから、ボールキャリアとブレイクダウンの質をもっと高めないといけない。ディフェンスも、もっと激しく、もっと前に出て止めて、プレッシャーのあるものにしないといけない。

エディーとは『ワールドカップじゃなくて良かった』と話しました。スーパーラグビーを経験した選手が帰ってきましたが、まだまだ合わせる時間が足りませんでした。もっと合わせて強いチームを作りたい。ディフェンスももっと前に出て止めないといけない。僕はブレイクダウンとディフェンスに集中したいと思います。

ＰＮＣ全体の感想としては、ワールドカップ前にアメリカ代表やフィジー代表と対戦して、ボールを支配し勝利できる手応えをつかみましたが、残念ながら実際には勝てませんでした。ただ、ラックやラン、セットピースなどの実戦を経験することができた、という点はとても大切です。

本番前にこのような試合ができたことはラッキーです。セットピースが安定してきましたし、戦術に対する柔軟性も向上してきました。これからさらに精度を上げるつもりです。

日本に戻ってすぐにワールドカップの準備に戻ります。大きな休暇はワールドカップが終わってから以降でしょう。日本代表がワールドカップで良いプレーをすれば、もっと日本の子どもたちもラグビーを始めるのではないでしょうか。

2015年8月6日 PNC帰国後記者会見(成田空港)

２０１５年８月６日午後、パシフィックネーションズ・カップ（ＰＮＣ）を終えた日本代表が、成田空港に帰国した。ＰＮＣは１勝３敗と４位だったが、エディー・ジョーンズＨＣが取材陣に対応した。まず、３日のトンガ戦後にエディー・ジョーンズＨＣが取材拒否した件に関して、稲垣純一・日本代表チームディレクターが「現地ではいろいろご心配をおかけしましたが、これからエディー・ジョーンズＨＣはすべての取材に答えていきますので、引き続き宜しくお願いします」と陳謝した。

◎エディー・ジョーンズHC

良い大会でした。（ワールドカップに向けた）選手のセレクションにもフォーカスを行い、非常に多くのことを学べて、改善点が浮き彫りになりました。９月19日のワールドカップの初戦までに、正しく選手をセレクションし、選手の理解度を上げたい。スーパーラグビーから戻ってきた選手や長期のケガから復帰した選手もいます。あまり一緒にプレーしていない選手が多かったことが、最後の２試合（フィジー戦とトンガ戦）で露骨に出たと思います。チームの理解力が良くなかったですが、それは自然なことです。
ブレイクダウンで勢いがつけられない時、そしてトンガ代表のようにフィジカルで激しいチームと戦い、さらに接点で（相手が優位にプレーすることを）レフリーが許してしまう場合、他の方法でテンポを上げる方法を見つけないといけません。
ＰＮＣの間は移動もありましたし、ほとんどトレーニングができなかった。８月の３試合（世界選抜戦とウルグアイ戦と２試合）は、すべてはワールドカップで何をやるべきかに焦点を当てます。

――スーパーラグビー組が戻ってきてチームのマインドセット（心構え）は変わったか？

まだまだですが、上がってきています。違いをもたらしています。ただ、いろいろ模索していることもあります。フミがスーパーラグビーから戻ってきました。世界有数の９番ですが、10番とのコンビネーションやＦＷとの合わせ方を理解しないといけません。試合を重ねることで合っていくことですが、時間がかかります。

――課題はどんな点か？

まだディフェンスで不安要素が残ります。体重の多いチームに苦戦しています。乗り越える方法を見つけなければなりません。それをするためには、ラインスピードを上げて、（１人目が）良いチョップタックルに入って、２人目が必死にコンタクトする。それを継続して行わないといけないですが、まだ80分間できていません。

2015年春シーズンを振り返って

4月から国内で鍛えてきた国内組、ケガから復帰してきたHO堀江翔太、SO小野晃征、そして、FLリーチ マイケル、SH田中史朗ら6人のスーパーラグビー組が、チームとして一つになるには必要な過程であり、敗戦だったのではなかろうか。

初戦のカナダ戦で、10カ月ぶりに手応えのある相手に快勝。2カ月ぶりの実戦で、しっかり戦えたのは長期合宿の成果の一つだった。

「ある程度、やれるなと思ったのは、7月のPNCのカナダ戦でしたね。ほぼ相手のホームの中で、カナダ代表に普通にジャパンのラグビーをやって勝てました」（LO大野均）

続くアメリカ戦は、メンバーを落としながらも善戦。そして、今年、FLリーチキャプテンらが初めて出た試合で、FWが大健闘。フィジー代表はワールドカップでも大いに盛り上げることになる強敵に対し、試合をほぼコントロール。勝てなかったが、選手たちも自信になったようだ。

FLマイケル・ブロードハーストはフィジー戦を振り返って、「負けたのですが、すごくいいプレーをしたと思っています。僕はチームメイトにこのレベルでプレーができるのなら、ワールドカップでも勝てるのではないか」と言っていた。

フィジー代表には勝てそうで勝てず、最終戦のトンガ戦は最後まで僅差だったが、やっぱりフィジカルバトルが原因で敗れた。またトンガ戦の前々日の練習で、SH田中が選手たちをグラウンドで叱咤。リーチキャプテンの制止も遮って、5分ほど続けていた。選手たちの中に、フィジー戦で戦えた手応えがあり、直前にスーパーラグビーで優勝を経験していたSH田中にとっては、試合で負けていたのに、ワールドカップまであと1カ月なのに、少し気を緩めていた選手たちが許せなかったのかもしれない。

トンガ戦後、エディー・ジョーンズHCが会見を拒否した。4年間でこの1回限りだった。トンガ戦は、フィジー戦より出来が良くなく、接点でやられてしまい、4年間かけて積み上げてきたはずのアタックも、合格点にはほど遠かった。指揮官にも日本代表を率いてワールドカップを戦うというプレッシャーはあったはずだ。そして、指揮官は今後の契約問題で揺れていた時期とも重なる。

いずれにせよPNCでの教訓がワールドカップの本番に活かされたと言えよう。

2015年8月31日
ワールドカップ最終登録メンバー発表記者会見

8月31日、15時より東京都内のホテルにて、9月に開幕するラグビーワールドカップに出場する日本代表の最終登録メンバー31名（FW17名、BK14名）が発表された。過去のワールドカップで登録メンバー入りしたことのある選手は11名、残りの20名は初選出となった。キャプテンはFLリーチ マイケル、バイスキャプテンはHO堀江翔太、FB五郎丸歩が務める。31名は9月1日に渡英し、9月5日に現地でジョージアと対戦し、9月19日、予選プール初戦の南アフリカ戦を迎える。

メンバーを見る限り、スーパーラグビーに参戦していた5人、過去にプレーした3人は全員、選出されており、エディー・ジョーンズHCの「海外組」への信頼感は高かった。またワールドカップで戦うために、特にバックローとCTBは、外国出身が多く、FWの第一列とゲームをコントロールするSHとSOは日本人選手というメンバー構成になった。

◎エディー・ジョーンズHC

（ワールドカップに向けた）31人のスコッドを選出しました。31名の選手はこの4年間、日本のラグビーを変えるために戦ってくれました。イングランドでは究極の試練が待っています。我々は明日（９月１日）、胸を張って羽田を旅立ちます。そしてベスト８に入って、また胸を張って羽田に戻ってきたいと思います。

コーチとして一番やりたくない仕事は、スコッドから外れた選手にそれを伝えることです。スコッドに入った31人は非常にうれしく思っていることでしょう。セレクションに値するだけ努力をしてきた選手たちです。経験者と若い選手が非常に良い組み合わせになった。（ポジションを）カバーのできるところ、可能性のあるところをできるだけ網羅しました。最終的に選んだ選手たちは世界に通用する選手たちです。そして選考から外れた多くの選手は、今までどおり準備を続ければ、多分この先ワールドカップ２大会に戦える選手になるでしょう。

４年前にこのプロジェクトがスタートした時、スコッドを構成するのはインターナショナルレベルのメンバーとお伝えしました。また、スターティングメンバーのキャップ数もトータル600キャップを目標としていました。それは達成しませんでしたが、このメンバーの中に経験値の高い選手も豊富に含まれています。非常にワールドカップが楽しみになってきました。選手たちもそうだと思います。

――ユーティリティーな選手とは？

アイブス ジャスティンは非常に貴重な選手で、彼はLOとして、ラインアウトの場面でも力を発揮できます。しかもバックローもカバーできる選手なので非常に貴重です。廣瀬（俊朗）も、

10番もできるしWTBもできる。そして彼はスペシャルな要素の選手です。フィールド外でのリーダーシップも評価しています。試合に出られなかったとしてもしっかりチームをサポートして、ハードワークをし続けてくれる存在です。

――発表されたメンバーには、ケガから復帰した選手や怪我をしている選手もいる。

真壁（伸弥）、（アマナキ・レレィ・）マフィの2人は、ジョージア戦で、出場時間を与えます。そして23名のスコッド中でどう彼らを最大活用できるのかを考えたい。（ケガをしている選手は）一人ひとりプランがあります。ジャスティンは9月12日までには完全復帰を願っています。PR稲垣（啓太）も同じく12日にフルトレーニングに入ります。山田（章仁）はもう少し遅れてくると思います。今朝、彼は自分で（現在の状態は）73％だと言っていました。ワールドカップの初戦までにはフルで復帰していると思います。

――メンバー選考で悩んだことは？

PRの5名です。平島（久照）はスコッドに入れようと考えて今までやってきました。渡邉（隆之）、垣永（真之介）は非常に頑張っていましたが、ややワールドカップに対して準備が足らなかった。長江（有祐）もケガをしている。だからPRの部分で悩みました。

――WTB藤田慶和について。

3年前から藤田はスコッドに入ると思っていました。非常に才能溢れる選手です。ゴロウ（FB五郎丸歩）のカバーとして彼は適任です。若手の選手の中で誰よりも成長した選手です。

日本代表　ワールドカップメンバー31名

（ポジション、名前、年齢、所属、キャップ数、出身　★は初選出）

FW17名
PR1三上正貴（27歳、東芝、28、東海大学）★
PR1稲垣啓太（25歳、パナソニック、6、関東学院大学）★
HO堀江翔太（29歳、パナソニック、37、帝京大学）
HO木津武士（27歳、神戸製鋼、36、東海大学）★
HO湯原祐希（31歳、東芝、22、流通経済大学）
PR3畠山健介（30歳、サントリー、67、早稲田大学）
PR3山下裕史（29歳、神戸製鋼、44、京都産業大学）★
LO大野均（37歳、東芝、93、日本大学）
LO伊藤鐘史（34歳、神戸製鋼、35、京都産業大学）★
LOトンプソン ルーク（34歳、近鉄、58、リンカーン大学［NZ］）
LO真壁伸弥（28歳、サントリー、30、中央大学）★
FLリーチ マイケル（26歳、東芝、42、東海大学）
FLツイ ヘンドリック（27歳、サントリー、31、帝京大学）★
FLアイブス ジャスティン（31歳、キヤノン、30、タイエリ高校［NZ］）
FLマイケル・ブロードハースト（28歳、リコー、21、キャンピオン高校［NZ］）★
NO8ホラニ龍コリニアシ（33歳、パナソニック、41、埼玉工業大学）
NO8アマナキ・レレイ・マフィ（25歳、NTTコム、3、花園大学）★

BK14名
SH田中史朗（30歳、パナソニック、48、京都産業大学）
SH日和佐篤（28歳、サントリー、46、法政大学）
SO小野晃征（28歳、サントリー、28、クライストチャーチボーイズ高校［NZ］）
SO/CTB立川理道（25歳、クボタ、38、天理大学）★
SO/WTB廣瀬俊朗（33歳、東芝、28、慶應義塾大学）★
CTB田村優（26歳、NEC、33、明治大学）★
CTBクレイグ・ウィング（35歳、神戸製鋼、9、NSW大学［豪州］）★
CTBマレ・サウ（27歳、ヤマハ発動機、22、タンガロア高校［NZ］）★
CTB/WTB松島幸太朗（22歳、サントリー、11、桐蔭学園高校）★
CTB/WTBカーン・ヘスケス（30歳、宗像サニックス、9、オタゴ大学［NZ］）★
WTB山田章仁（30歳、パナソニック、13、慶應義塾大学）★
WTB福岡堅樹（23歳、筑波大学4年、15、福岡高校）★
WTB/FB藤田慶和（22歳、早稲田大学4年、28、東福岡高校）★
FB五郎丸歩（29歳、ヤマハ発動機、53、早稲田大学）★

◇ワールドカップ　日本代表日程
9月19日　対南アフリカ戦（@ブライトン）
9月23日　対スコットランド戦（@グロスター）
10月3日　対サモア戦（@ミルトンキーンズ）
10月11日　対アメリカ戦（@グロスター）
※日本はプールBに所属しておりプール2位以上になると決勝トーナメントに進出し、プールAの1位または2位と対戦する。

――南アフリカ代表、スコットランド代表の戦い方について。

南アフリカ代表とスコットランド代表は非常に大きくてフィジカルが強く、セットプレー中心のチームです。スコットランド代表はイタリア代表に40点差で勝利しています。２０１５年の初勝利で、ワールドカップがピークです。ワールドカップでは、ＦＷが戦わなければならない。この2チームとはすべてにおいて戦えるＦＷを求めています。９名のＦＷを使うかもしれません。

――初めての選手がワールドカップで気をつけないといけないことは？

環境です。ワールドカップはオリンピックと同じような大会です。競技を通常通り行うのですが、やはり違います。異なる環境で行います。自分のルーティンをキープして、リラックス方法を考えなければなりません。２００７年に出場した選手たちと話をしましたが、その時にチームがうまくいかなかった理由の一つは、リラックス法を選手たちが理解をしていなかったことです。だから（２０１５年）４月にイングランドに視察に行きました。どういう環境でワールドカップを過ごすのか、馴染んでもらいたかった。（イングランドは）食べ物がおいしいということがそのときわかったでしょう。だから、今頃みんな、コンビニに行って食料を買い込んでいると思います（苦笑）。

――ＳＨの選考について。

最後の最後まで内田（啓介）のことは悩みました。（8月15日の）世界選抜戦ではＷＴＢとして起用しました。（小野）晃征が９番をカバーできることは知っています。（ワールドカップの）

スコッドを選ぶ際には、ある程度の賭けに出なければなりません。最終的な選ぶ基準となるのはベストプレーヤーであるかどうかということでした。

――31名にはスーパーラグビー経験した選手がすべて入った。

彼らはチームを助けてくれます。全員、大きな役割を果たすことでしょう。そこはスコッドにとってプラスです。試合で良いプレーをしてほしい。またフィールド外では若手の選手たちを助けてほしい。日本代表は唯一、完全にアマチュアからスコッドに入っているメンバーがいるチームだと思います。ＷＴＢの２人はまだ大学生です。世界最高峰の大会にアマチュアの大学生を連れていくという日本のラグビーはとても興味深いですね。この２人がワールドカップでのプレッシャーにどう耐えうるかで彼らの試合出場時間が決まります。

――４年前、思い描いていたメンバーと発表したメンバーに違いは？

４年前に想像していなかかったメンバーはＮＯ８ナキ（アマナキ・レレィ・マフィ）とＷＴＢ（カーン・）ヘスケスです。ナキは本当に贈り物のような選手です。ヘスケスはメンバーに入るとは思ってもいませんでした。ただ彼はパワフルな選手ですし、昨年、（マレ・サウのカバーとして）13番のポジションはいろんな選手を試してきましたが、その中で彼は結果を残しました。

1年前スクラムで完敗を喫した相手にリベンジ
ワールドカップ本番へFWは手応え

2015年9月5日 ジョージア戦

（キングスホルム・スタジアム）

ワールドカップ本番まであと3週間、ワールドカップメンバー31人が発表されたものの、まだまだ不安はいっぱいだった。

それもそのはず、エディーJAPANは、7月になってやっと「スーパーラグビー組」が合流、7月下旬から8月上旬まで北米で開催されたPNC（パシフィックネーションズ・カップ）で初戦のカナダ代表にこそ20－6で快勝したものの、その後は3連敗。さらに8月15日の世界選抜戦も20－45で完全に力負け。決して調子は上がっていなかった。

8月22日と29日にウルグアイ代表とホームで戦い30－8、40－0と連勝したが、相手は20番目にワールドカップの出場を決めた格下チームで、強化そのものというよりも、調整とセレクションに近かった。

8月31日にはメンバー31名が決まり、翌日の9月1日に渡英。そして、9月5日、イングランドのグロスターで、ワールドカップ前、最後のテストマッチとしてジョージア代表と対戦することになった。

ジョージア代表は２０１２年11月にこそアウェーで勝利（25－22）していたが、２０１４年11月、再びアウェーでの対戦で完敗（24－35）した相手。エディーＪＡＰＡＮになってから、実に３度目の対戦だった。特に２度目の対戦は、ある程度スクラムに自信を持って臨んだ日本代表ＦＷ陣が、そのスクラムで反則を取られて、ゴール前のラインアウトからモールでトライというパターンを止められずに完敗を喫していた。

ジョージア代表のＦＷ陣は、ほとんどがフランスでプレーしているプレイヤーであったため、その実力は欧州でも有数である。ワールドカップで日本が対戦する南アフリカ代表、スコットランド代表はスクラムが強く、そしてサモア代表もＦＷが大きい。つまり、ワールドカップを見据えて、この1年でＦＷ、特にスクラムとモールがどこまで成長したかを確認するには絶好の機会だった。

しかも、キングスホルム・スタジアムは、ワールドカップで2度試合を行うスタジアムであり、レフリーはワールドカップのスコットランド戦を担当することが決まっている。まさしく、日本代表にとっては、格好の「テストマッチ」となった。

◉ジョージア戦　レビュー

前半開始早々から手応えを感じた試合となった。

まず、中盤から日本代表はマイボールラインアウトからモールを押し込む。1年前の秋、スクラムで手も足も出なかった姿はそこにはなかった。反則を取られることもあったが、しっかりと組み込んだ時はクリーンにボールを出せていた。後半11分には相手ボールのスクラムをターンオーバーした。驚きだった。重馬場のイングランドのグラウンドで低く、8人一体で組み込む姿は美しくさえあった。

攻撃でも日本代表はリズム良く攻め続けていたが、相手のディフェンスも、さほど接点に人数をかけず、立つことを意識していたため、ゴールラインを割るまでには到らなかった。前半はFB五郎丸歩がPGを2本決めたものの、ジョージア代表にボールを展開し、グラバーキックからトライを決められ6－7で1点リードされて前半を折り返した。

後半もディフェンスでは我慢の時間帯が続き、攻撃では相手のゴール前まで攻め込むも、なかなかトライが遠い。特に相手のゴール前、粘りのディフェンスには手を焼いた。後半30分に相手にPGを決められ6－10とされる。だが37分、ラインアウトからモールをきれいに押し込み、最後は股関節の脱臼骨折から9カ月ぶりの復帰戦となった、途中出場のNO8アマナキ・レレィ・マフィが押さえて13－10で逆転勝利。エディー・ジョーンズHCも「特にスクラム、フロントローがすばらしかった」と手放しで第1列の選手たちを称えた。ワールドカップに向けて、特にFWが自信を深めた試合となった。

テストマッチ

2015/09/05(土)キングスホルム(グロスター)16:45

日本代表			ジョージア代表
13	6 後半 7		10
	7 後半 3		

T	G	PG	DG		T	G	PG	DG
0	0	2	0	前半	1	1	0	0
1	1	0	0	後半	0	0	1	0

		日本代表			ジョージア代表
FW	1	三上正貴	FW	1	ミヘイル·ナリアシビリ
	2	堀江翔太		2	ジャバ·ブレグバゼ
	3	山下裕史		3	ダビド·ジラカシュビリ
	4	トンプソン ルーク		4	ギオルギ·ネムサゼ
	5	大野均		5	コンスタンチン·ミカウタゼ
	6	リーチ マイケル		6	シャルバ·スティアシビリ
	7	マイケル·ブロードハースト		7	ビクトール·コエリシビリ
	8	ホラニ龍コリニアシ		8	マムカ·ゴルゴゼ
HB	9	田中史朗	HB	9	バシル·ロブジャニゼ
	10	立川理道		10	ラーシャ·マラグラゼ
TB	11	ツイ ヘンドリック	TB	11	ギオルギ·アプチアウリ
	12	クレイグ·ウィング		12	メラブ·シャリカゼ
	13	マレ·サウ		13	ダビド·カチャラバ
	14	藤田慶和		14	ムラズ·ギオルガゼ
FB	15	五郎丸歩	FB	15	メラブ·クビリカシビリ
RESERVE	16	渡邉隆之	RESERVE	16	シャルバ·マムカシビリ
	17	木津武士		17	ダビド·クブリアシビリ
	18	畠山健介		18	レバン·チラチャバ
	19	真壁伸弥		19	レバン·ダトゥナシビリ
	20	アマナキ·レレィ·マフィ		20	ギオルギ·チャイゼ
	21	日和佐篤		21	ギオルギ·ベガゼ
	22	小野晃征		22	タマズ·ムチェドリゼ
	23	松島幸太朗		23	ギオルギ·プルイゼ

◎ジョージア戦を終えて

エディー・ジョーンズHC

ワールドカップ前の最後のウォームアップゲームは、タフなセットピースバトルを想定していました。昨年11月、ジョージア代表に負けた時は、スクラムで耐えられなかったし、モールも苦戦した。けれど今日はイーブンの時も勝てていた時もありました。特にジョージア代表相手に、モールでトライを取れるなんて不思議に思ったかもしれません。

相手のディフェンスを見ると、フェイズを重ねるのは難しかった。戦術を変えたが遅れてしまった。ただワールドカップ前、すばらしい試合でした。

――NO8アマナキ・レレィ・マフィが復帰した。

すばらしいですね。非常に大事な選手です。後半途中から出て、早速3つくらいのボールキャリーをして、相手のディフェンスをへこませて、そこから展開したシーンがありました。彼はベストの状態で使う選手です。9カ月前、左の股関節の脱臼骨折からここまで復活したのはすばらしいことです。

――ワールドカップに向けての抱負を。

厳しいプールに入っていますが、準々決勝進出が目標です。この4年間、トップ10に1度入りました。イタリア代表やウェールズ代表にも勝ちました。今日も良いスクラムを見せました。

まだフィジカル面ではベストな状態ではありません。ワールドカップでは日本がラグビーで戦える国であることを証明したいです。

――ワールドカップの初戦、南アフリカ戦はどう戦うか。

自分たちのゲームをすることと、ブレイクダウンが生命線になります。ボールキャリー、ブレイクダウン、そしてボールインプレーを長くすることなどを意識していきたいです。

キャプテンFLリーチ マイケル

フェイズを重ねたアタックでトライは取り切れなかったですね。あまり相手がラックに絡んでいないのに、人数をかけすぎたこともあります。ラックを見て判断しないといけません。

最後の10分はまず、敵陣で戦いたいという話をしていた。敵陣に入ればスコアを取ることができる。我慢していこうと話していました。

バイスキャプテンHO堀江翔太

アタックではリズムが作れたと思います。ただフェイズを重ねた後、もう少し我慢しないといけない。みんなからも、それが次の課題として挙がっていました。スクラムは対等に組めていました。コミュニケーションを取って、会話して修正することができたことは、次につながりますね。押していたのに自分たちの反則になったシーンもありましたが、FWがフィジカルにプレーできました。モールディフェンスは微妙な判定もありましたが、モールで取られなかった。ジョージア代表に（この時期に）リベンジできたので自信になります。

SH田中史朗

前半、リードされて折り返しましたが、我慢して、良いディフェンスで、相手を疲れさせて、BKで攻める部分はできていました。僅差でしたが、ワールドカップ前に良い準備ができました。ディフェンスのコミュニケーションが良かった。1本トライを取られましたが、それ以外FWはモール、スクラムで耐えて、BKもゴールラインギリギリでも止めていたので自信になると思います。

今までやってきたことが実った試合でした。最後、ベンチから見ていても安心できました。今後はコミュニケーションを高めて、自信を持って先を見ずに一試合一試合戦っていきたい。エディーには『チーム全体、特にFWに対して、やられてきた相手に互角に持ち込み、モールでトライも挙げた。全員が成長している』と言ってもらいました。

PR三上正貴

前回のジョージア戦よりいいスクラムが組めました。あとはレフリングへの対応と相手の揺さぶりに対するスキルを身につける必要があることを学びました。自信になる、いいスクラムもありました。まだ本番までに時間があるので、この反省を生かしてよりレベルアップしたスクラムを組みたいです。

LO大野均

２０１４年の秋、ジョージア代表と対戦してFWがやられました。だからFWでしっかりリベンジできましたし、モール、スクラムの準備もしてきました。そこだけにフォーカスしてやってきた。モール、スクラムで勝てれば試合に勝つことができると臨んだ試合でした。

NO8アマナキ・レレイ・マフィ

昨年負けた気持ちを思い出して、いつでも自分が行けるという準備をしていました。絶対最後には勝つ、と信じながらプレーをして、それを実現することができた。久しぶりのテストマッチでしたが、自分がチームを勝たせると思いながらプレーしていました。家族や、周りの方々のサポートがあったおかげです。ワールドカップへ向けてさらに頑張りたい。

ジョージア戦を振り返って

今、思えば、当時は、このジョージア代表に勝利したことが、日本代表にとって、こんなに大きな意味を持つとは思いもしなかった。

2012年秋のジョージア戦もスクラムで完敗していたが、FW陣は自信を持って臨んだ2014年11月のジョージア戦で「ヨーロッパの強さを体感できましたが、大恥をかいた」（HO木津武士）と振り返っていた。

そこからマルク・ダルマゾコーチの下、ヨーロッパのスクラムにどう対抗するか、特に2015年4月の長期合宿で強化してきたポイントだった。そして、スクラム、モールで互角に戦い、見事に勝利した。

HO木津は笑顔でこう邂逅していた。「やられたことをやり返すことができました。スクラムやモールという相手の強みに勝って自信をつけて、ワールドカップ前に勢いに乗りました」

また、ワールドカップに向けて、最後のセレクションマッチという意味合いも大きかった。まずWTBに本来はFLのツイ ヘンドリックを起用し報道陣を驚かせたが、あまり機能することはなかった。

昨年の12月に大怪我をしてリハビリをしていたNO8アマナキ・レレィ・マフィが逆転のトライを挙げて、見事な復活を印象づけた。「フィジカルモンスター」マフィのワールドカップでの活躍が十分に予見できたと言えよう。当初は全治1年だったが、驚異の回復力を見せて、「間に合った」と思い、安堵した。

トップリーグでケガをしたLO真壁伸弥も、途中出場を果たして、使える目途が立った。

一方で、WTB藤田慶和は先発したものの、あまり調子が上がらず、逆にWTB山田章仁はチャンスを見事につかんだ。結局藤田のワールドカップ出場は1試合に終わった。

SOは立川理道が先発したが、攻撃がやや単調になったことから、SOはエディー・ジョーンズHCに「小野のほうがベター」と思わせる試合にもなった。

NO8ホラニ龍コリニアシのケガは残念だったものの、この試合は、ワールドカップに向けて、大きく弾みのついた試合となった。

このワールドカップ直前という大事なタイミングで、ジョージア代表と3度目の対戦をすることができたのは、岩渕健輔GMらの働きが大きかった。代表チームにとってのマッチメイクの大事さを痛感する試合だった。

死闘ワールドカップ2015
イングランド大会

●日本10−45スコットランド

○日本34−32南アフリカ

○日本28−18アメリカ

○日本26−5サモア

写真:齋藤龍太郎

ラグビーに奇跡はない 日本代表、南アフリカ代表を撃破

2015年9月19日 ワールドカップ プールB 南アフリカ戦 （コミュニティー・スタジアム）

4年間、待ちに待った試合だった。正直言えば、長く感じた。

2012年4月にエディー・ジョーンズHCが就任し、全試合を追い続けて、ついにワールドカップ本番を迎えた。予選プールBに入った日本代表の最初の相手は世界ランキング3位（当時）、優勝2回を誇る「スプリングボクス」こと南アフリカ代表だった。しかも、日本代表にとっては初の南アフリカ代表とのテストマッチだった。

エディー・ジョーンズHCは、相手が南アフリカ代表で、中3日でスコットランド代表が控えていても「2チーム制で戦う」とか「捨てる」とは絶対に言わなかった。「勝ちにいきます！」と言いながらも「世界に日本もラグビーで戦える国だと証明したい」「南アフリカ代表と対等な試合ができるチームになることを目指しています。南アフリカ戦で良い戦い方ができれば続くスコットランド戦に対しても大きな自信を持って臨めます」と答えていた姿が印象的だった。

南アフリカ代表は過去のワールドカップで25勝4敗と、最も勝率の高い（86・2％）チームで、逆に日本代表は1勝21敗2分けで最も勝率の低いチーム（4・2％）だった。

エディーJAPANはこの日のために、4年間、ハードワークを重ねてきた。ウェールズ代表にもイタリア代表にも勝った。一時は世界ランキングも9位まで上昇した（当時は13位）。

前回大会とは違い、日本人にとっては遠い存在だったスーパーラグビーでFLリーチ マイケルキャプテンを筆頭にHO堀江翔太、SH田中史朗らといった選手が躍動し、チームの柱として存在感を示していた。春から『ビート・ザ・ボクス』をターゲットに強化を続けてきた。

全試合取材してきた身としては「ある程度、対等に戦うことはできるはずだ」「もしかしたら4トライもしくは7点差以内でボーナスポイントを挙げることができるのでは」と強く信じていた。ただ、それでも24年間ワールドカップで勝てていないチームが勝利する姿は、どうしてもイメージできなかった。もし日本代表が勝つとしたら、2戦目のスコットランド代表ではないかと思っていた。なお現地のラグビー専門誌でも日本代表は全敗でプールB最下位の予想だった。

日本ラグビー界は長きにわたり、1995年の第3回ワールドカップの予選プールにおいて、17－145で「オールブラックス」ことニュージーランド代表に大敗し、その重き十字架を背負っていた。それは霞のように日本ラグビーに重く、重くのしかかっていた。

しかしこの試合終了後に、その霞が一気に晴れわたることになる。まさか、「ブライトンの歓喜」「ブライトンの奇跡」という文字が新聞紙面を躍るとは……試合前には夢にも思わなかった。

◉南アフリカ戦　レビュー

2015年ワールドカップの予選プール初戦、日本代表は、優勝2回の強豪「スプリングボクス」こと南アフリカ代表と初めて対戦した。

後半ラストプレーがハイライトだ。29－32からPGを決めれば同点という状況で相手が反則しても、相手PRがシンビン（10分間の一時的退場）になった影響もあり、スクラムを選択。スクラムトライこそ奪えなかったが、ボールを継続し、最後はCTB立川理道、NO8アマナキ・レレィ・マフィとボールが渡り、マフィが相手をハンドオフでかわしてパス。最後はWTBカーン・ヘスケスがタックルを受けながらも左隅に飛び込み、34－32、そのままノーサイドを迎えた。

試合開始早々から、日本代表フィフティーンは体を張り、体の大きな相手にダブルタックルを繰り返した。「蹴ったら蹴り返してくる」という分析の下、キックを多用し、なるべく敵陣でのプレーに徹した。日本代表は接点での2人目、3人目の寄りも早く、相手の反則を誘うとFB五郎丸歩がPGを重ねて、前半は10－12で折り返した。

後半も互角の勝負に。日本代表は後半早々PGを決めて13－12と逆転するものの、3分、21分と南アフリカ代表にトライを奪われ22－29に。ただ、日本代表はラインアウトを起点にBKのサインプレーが決まり、FB五郎丸がトライ、ゴールも決めて29－29と同点に追いつく。

32分に相手にPGを決められて29－32とされても、FWとBK一体となったパスラグビーで攻めて、前述の通り、ラストプレーで見事に逆転。「（勝利は）必然です。ラグビーに奇跡はない」とFB五郎丸が振り返ったように、エディーJAPANの4年間が凝縮された試合となった。

ラグビーワールドカップ2015 プールB第1戦

2015/09/19(土)ブライトン16:45

南アフリカ代表		日本代表
32	12 後半 10	34
	20 後半 24	

T	G	PG	DG		T	G	PG	DG
2	1	0	0	前半	1	1	1	0
2	2	2	0	後半	2	1	4	0

		南アフリカ代表			日本代表
FW	1	テンダイ·ムタワリラ	FW	1	三上正貴
	2	ビスマルク·デュプレッシー		2	堀江翔太
	3	ヤニー·デュプレッシー		3	畠山健介
	4	ルードベイク·デヤーヘル		4	トンプソン ルーク
	5	ビクター·マットフィールド		5	大野均
	6	フランソワ·ロウ		6	リーチ マイケル
	7	ピーターステフ·デュトイ		7	マイケル·ブロードハースト
	8	スカルク·バーガー		8	ツイ ヘンドリック
HB	9	ルアン·ピナール	HB	9	田中史朗
	10	パット·ランビー		10	小野晃征
TB	11	ルワジ·ムボボ	TB	11	松島幸太朗
	12	ジャン·デビリアス		12	立川理道
	13	ジェシー·クリエル		13	マレ·サウ
	14	ブライアン·ハバナ		14	山田章仁
FB	15	ゼーン·カルシュナー	FB	15	五郎丸歩
RESERVE	16	アドリアン·ストラウス	RESERVE	16	木津武士
	17	トレバー·ニャカネ		17	稲垣啓太
	18	コーニー·ウェストハイゼン		18	山下裕史
	19	エベン·エツベス		19	真壁伸弥
	20	シヤ·コリシ		20	アマナキ·レレイ·マフィ
	21	フーリー·デュプレア		21	日和佐篤
	22	ハンドレ·ポラード		22	田村優
	23	JP·ピーターセン		23	カーン·ヘスケス

◎南アフリカ戦を終えて

エディー・ジョーンズHC

ブライトンでの勝利は最高の試合になりました。日本代表にとって24年ぶりの勝利がこんな大きな試合になるとは思ってもいませんでした。（日本開催の）4年後につながります。日本ラグビーにとって本当にすばらしい日です。小さなチームなので、ボールを動かして賢く戦おうとしました。今日はスタートに過ぎません。目標はあくまでベスト8です。すぐにスコットランド戦があります。野球やサッカーを見て、子どもたちが田中（将大）や香川（真司）、本田（圭佑）になりたいと言っていたのが、この試合を見て、リーチや五郎丸になりたいと言うでしょう。つまり、日本のトップクラスのアスリートがラグビーに向かいます。日本のラグビーにとって、とても良い影響を与えるでしょう。

まだ日本のラグビーの歴史はまだ完全に変わっていません。準々決勝に進まなければならない。そうじゃないと、この勝利は無駄になってしまいます。

キャプテンFLリーチ マイケル

この4年間、選手はハードワークしてきた。コーチやスタッフのサポートもありました。チームの努力の結果です。スプリングボクスに勝つために準備してきました。サポーターの応援もすばらしかった。

（最後にスクラムを選択したのは）試合の朝、コーヒーを飲みながらエディー（・ジョーンズHC）とショット（＝PG）の選択の話をしていて、エディーに『思うようにやればいい』と言われたので、そうしました。

最後のシーンは（ラインアウトからの）モールではなくスクラムを選択したので、南アフリカ代表が焦っていたのがわかりました。ショットではなくスクラムを選んだのは、相手がシンビンで一人少なかったのと、NO8ナキ（アマナキ・レレィ・マフィ）が強くて一人でもトライが取れる選手だったこともありました。またスクラムも押せていたし、FWの中ではスクラムが行けるという感覚がありました。（引き分けではなく）勝ちにいきたかった。決断はすぐにできました。難しくはありませんでした。

勝因は我々が走れたことだと思います。試合は楽しかったし、ずっと練習でしてきたことが出せた。南アフリカは強かったが、タックルで下にしっかり入れた。個々のパフォーマンスが出せたのは、メンタルコーチの（荒木）香織先生のおかげです。彼女がこの1週間、いい仕事をしてくれました。

バイスキャプテンHO堀江翔太

勝てると信じて、自分たちがやっているラグビーを信じて遂行した結果だと思います。最後の場面も、行けると思っていました。スクラムは日本代表が有利ですし、相手が疲れているのも見えました。絶対トライを取ってくれると思っていました。

バイスキャプテンFB五郎丸歩

（勝利は）必然でした。ラグビーに奇跡はありません。4年前から歴史を変えようと始まったチームですけれど、80分間通して、南アフリカに勝てるんだというのを、選手たちは信じ切っていたし、体現できました。（FBなので）後ろから見ていて頼もしかったし、勝って良かったです！ 南アフリカ代表が日本代表に対して対策を打ってこなかったので、分析どおりにスペースも空いていました。今週は選手やユニットごとに自分のポジションの選手を分析していて、ホワイトボードに全員分書きました。ＢＫであれば、外に攻めた後は相手の内側が空くと分析していたので、本当にその通りにいきました！

（最後の場面は）ＰＧを決めて同点でも歴史は動いていなかった。みんなトライだと思っていたので、僕は蹴る気がなかったです。蹴ってもたぶん入らなかったのではないでしょうか。

（試合の前週に）初めてゆっくりとマルク（・ダルマゾスクラムコーチ）とご飯を食べながら話していて、『すごく緊張しているんだ』と話すと、マルクは『それはもったいない。こういう大舞台は人生の中でなかなかないから楽しむべきだ』と言われましたね。彼もワールドカップで準優勝を経験していますし、ＦＷコーチのスティーブ（・ボーズウィック）も元イングランド代表のキャプテン。すばらしいスタッフが揃っている中で、4年間やってきたことをうれしく思います。

LO大野均

２００７年と２０１１年のワールドカップでふがいない結果に終わって、がっかりさせてしまいましたが、今日それをやっと晴らすことができた。24年ぶりの勝利が南アフリカ代表というのは誰も想像していなかったのではないでしょうか（笑）。南アフリカ代表にジャイアントキリングをするにはこのシナリオしかないという試合でした。

LO真壁伸弥

南アフリカ代表は一人ひとりのコンタクトの強さはすごかったが、日本代表は気持ちの部分で負けてなかった。最初の20分で良い流れができて、チーム全体がまとまっていたし、どうやったら勝つかわかっていた。自分もセットプレーで貢献できました。

SO／CTB立川理道

歴史を変えたんじゃないですかね。簡単にトライを取られる部分はありましたが、エリアをとったり、ひたむきにタックルしたり、やっている自分たちは離される気がしませんでした。五郎（丸）さんが２本目のＰＧを外しましたが、ディフェンスでもアタックでも常に先手を取って、日本のペースで動いていた。やりたいことをやれていましたし、逆転できると思っていました。最後は、みんな勝ちたいという気持ちでした。

SO／CTB立川理道(ワールドカップ終了後、日本で)

（最後のトライの場面は）自分がボールをもらうつもりはなかったので、少し深めにポジショニングしていました。SH日和佐さんと目があって、自分にくるなと思いました。少し相手と距離があった分、良い判断ができました。横を見たらナキ（マフィ）が手を挙げていて、相手のディフェンスを数えたら枚数が少なかったので（カットパスを）放りました。

SO小野晃征

『ビート・ザ・ボクス』を掲げて、いろんなドリルや『過酷な訓練』とかやってきて、どの瞬間につながるか（やっている時は）わからなかったですが、80分間、4年間やってきたことをやりきれた。選手だけでなく、スタッフやサポートしてくれた人たちの力だと思います。

最後の場面で、誰もボールを指していなかった（PGを選択していない）のが、4年間の積み重ねです。

前半後半ともに、先に得点が取れて勝つラグビーができた。試合のテンポは、日本代表が7割コントロールしていました。ワールドカップという責任感もあって、選手たちの立ち上がるスピードが早かった。エディーが言うように、メンタル、フィジカルともに70％、80％と徐々に上げていって、今日100％にもってくることができました。

SH田中史朗（この試合のマン・オブ・ザ・マッチに選出）

ほんまにうれしい。（トライの後）ようわからない。みんな吠えていた。（MOMは）全然聞いていなかった。（丸坊主にしたのは）気合いを入れるために、リーチとコス（小野）にやってもらった。そのおかげで勝ちました。

やっぱディフェンスが良かったです。うちのFWは走れたが、相手のFWが走れてなかった。最初から行ける感じがありました。絶対相手が疲れるし、しんどい練習やっていたから自信をもってやりました。

試合前の声援は聞こえました。「JAPAN」の声を出してくれた。（オーロラビジョンを見ると）夫婦で泣いている方とかもいた。日本の応援の方を見ると前回大会を思い出します。前回大会の分まで恩返しができたかな。選手たちはみんな日本代表に誇りを持っている。それをリーチがうまくまとめている。ここで調子を落としてしまうと、この勝ちも薄れてしまうので、気を引き締めてやりたいです。

（この勝利は）日本ラグビー、全ラグビー選手、男も女もすべてにおいて可能性が広がる勝ちです。２０１９年に向けて意味がある。世界に日本もできると感じてもらえて、次のワールドカップに向けて大きいことだと思います。

SH日和佐篤(ワールドカップ終了後、日本で)

２０１５年は４月から主体性を持ってやるというのがテーマで、南アフリカ戦で、最後にスクラムを選択したところは、みんながしっかり判断して、自分たちの意思で動けていたんじゃないでしょうか。

最後のトライは、シェイプありきの判断でした。相手にパスカットされるのが怖かったので、短いパスで空いたら勝負しようかなと思っていました。

WTBカーン・ヘスケス

（最後のトライのシーンを振り返ると）スペースが見えたので、『そこに向かって直線的にドライブ（突進）するだけ』と思いました。（トライした瞬間は）信じられなくて、あんな気持ちは初めてです。とても大事な、大きなトライでした。

南アフリカ戦を振り返って

胸のすくような勝利だった。ノーサイドの瞬間、選手たちを見ていると涙を流していた。

朝5時からの「ヘッドスタート」や、4部練習や分刻みの管理の中で選手たちも頑張ったが、やはりエディー・ジョーンズHCの存在が大きかった。

指揮官は過去2大会のワールドカップに携わり、準優勝と優勝を経験。ワールドカップでの通算成績13勝1敗（唯一の敗戦は2003年オーストラリア大会の決勝戦。今大会を入れると16勝2敗となった）だ。その経験から、4年間のプランニングを立て、サントリーで指導した経験を元に、日本代表の目指すべきラグビーを最初に打ち出した。いわば「世界と日本を知る」希有な指揮官だった。

そして、その理想のアタッキングラグビーを妥協なく追い続けた。

例えば「世界で戦うためにはセットプレーの成功率は9割必要」とその重要性を説き、徹底的に鍛えた。「ワールドカップでは40くらいキャップが必要」と言い続けて、「マインドセットを変えないといけない」と選手を積極的に海外に送り込んだ。

頑固一徹ではない。トライ&エラーを繰り返し、分析結果やデータも重用する。南アフリカ戦でWTB山田章仁を先発に起用したように、直感も大事にする。

「蹴ったら蹴り返してくる」南アフリカ代表を相手に、前半はキック主体に敵陣で戦い、後半、相手のフィットネスが落ちてくると、見事なアタッキングラグビーを披露。後半28分のFB五郎丸歩、ロスタイムのWTBカーン・ヘスケスの両トライはもちろん、最後のトライにつながる19次攻撃は、エディーJAPANの真骨頂だった。2年間チームに携わったスコット・ワイズマンテル氏は「日本は世界で一番のランとパスラグビーをした」とかつての教え子たちのプレーを称えたという。

最後の場面ではエディー・ジョーンズHCの「ショット」の判断に反して、選手たちはスクラムを選択した。SO廣瀬俊朗はこう説明した。「エディーの顔色を見て判断するのではなく、僕らのチームでした。だから僕らの正しいことをやればいい」。またFLリーチ マイケルキャプテンは「エディーは全部管理したい人でした。その中で自分の自由をどうするか考えました」と振り返った。

指揮官が自主性を促したという選手もいるが、グラウンド内では選手の判断が尊重される。だからこそ生まれた歴史的勝利だった。

策士、策に溺れる？ 中3日、アタッキングラグビーが「はまらず」

2015年9月23日 ワールドカップ プールB スコットランド戦（キングスホルム・スタジアム）

ワールドカップが始まる前は、最大のターゲットになる相手がスコットランド代表だと思っていた。もし、初戦の南アフリカ代表に敗れ、2戦目も負けて2連敗を喫するとなれば、目標とするベスト8進出が大きく遠のくからだ。

ただ状況は大きく変わっていた。

日本代表は南アフリカ代表を倒し、24年ぶりの勝利の歓喜に沸いた。このままスコットランド代表にも勝利して2連勝になると、一気にプールBの首位通過が見えてくる。ただ、現実的にベスト8進出を考えた場合、負けても相手に4トライ以上与えない、しかも勝ち点を取ることが大事な要素になってくると思えた。

ただ、自らを「戦術コーチ」と名乗るエディー・ジョーンズHCの取った策は、より積極的に攻めることだった。相手が前半リードされると弱いという分析結果の上の選択だったのだ。先発メンバーを見ると、２０１３年のスコットランド戦で２トライを挙げたＷＴＢ福岡堅樹を、満を持しての先発起用。さらに、南アフリカ戦で後半途中から出場し、大活躍したＮＯ８アマナキ・レレィ・マフィもスターターに置く攻撃的な布陣だった。指揮官の意思は明確だった。

ワールドカップに向けて準備を怠らないエディー・ジョーンズＨＣは、かねてから中３日での試合という経験を選手たちに積ませてきた。

２０１３年６月もウェールズ戦から中３日でカナダ代表と戦い、さらに中３日で対戦したアメリカ代表にも勝利していた。同年の秋にはアウェーでスコットランド代表と対戦して負けたが、さらに中３日で、キングスホルム・スタジアムでグロスターと対戦。さらに２０１５年８月の世界選抜戦の後も中３日で、宗像サニックスと試合形式の練習を敢行した。

大会直前のジョージア戦もキングスホルム・スタジアムで戦い、このジョージア戦のレフリーは、スコットランド代表戦を担当するレフリーを招聘する徹底ぶりだった。

さて、ワールドカップ２戦目のスコットランド戦を終えた後、選手たちの多くは「疲れはなかった」と気丈に振る舞ったが、メンタル的には、日本からは多くのメールをもらい、現地のファンにも会えば「おめでとう」と言われる。ある種の達成感もあったはずだ。

結果的に南アフリカ戦が、すべてにおいてうまく「はまった」試合だとすれば、スコットランド戦は、ほとんど「はまらなかった」試合になってしまった。選手たちに心身の疲れがあったからこそ、南アフリカ戦のようにキックをうまく戦っていれば、どんなゲーム展開になったのか。

残念ながら「策士、策に溺れる」という言葉がすぐに頭をよぎった試合となった。

◉スコットランド戦　レビュー

「歴史的大金星」から中3日、日本代表はブライトンからグロスターに移動しスコットランド代表と対戦した。

エディー・ジョーンズHCは「アグレッシブ・ファスト・スタート」をテーマに掲げ、NO8アマナキ・レレィ・マフィ、WTB福岡堅樹を先発させる攻撃的な布陣で臨んだ。ひとえにスコットランド代表は前半リードされると苦戦しているという分析結果によるものだった。特にWTB福岡は2年前のスコットランド戦で2トライを挙げており、その快足に期待がかかった。

ただ結論から言えば、南アフリカ戦からの身体的だけでなく精神的な疲れから、中3日では回復することは難しかったようだ。しかもスコットランド代表はこの試合が初戦だった。

相手は予想通り、前半からSHグレイグ・レイドロー主将のハイパントとFWのセットプレーでプレッシャーをかけてくる。日本代表は、攻撃しようという気持ちだけが空回りし、組織ではなく個で突破しようとする場面も目立ち、ミスや反則を繰り返す。前半14分、モールからNO8マフィがトライを返すのがやっとだった。前半終了間際にFB五郎丸歩のトライセービングタックルが一番の見せ場となり、前半は7－12で折り返した。

後半5分、日本はPGで先に点を取って10－12にしたものの、直前のプレーでNO8マフィがケガでベンチに下がると勢いが止まる。後半10分を過ぎると明らかに日本代表の選手たちの足が止まり始めた。その後は一方的な試合となり、相手の猛攻やインターセプトからのトライを許し、日本代表は後半7分以降に5トライを喫し、10－45で大敗した。

ラグビーワールドカップ2015 プールB第2戦

2015/09/23(水)キングスホルム(グロスター)14:30

スコットランド代表		日本代表
45	12 後半 7	10
	33 後半 3	

T	G	PG	DG		T	G	PG	DG
0	0	4	0	前半	1	1	0	0
5	4	0	0	後半	0	0	1	0

		スコットランド代表			日本代表
FW	1	アラスデア・ディッキンソン	FW	1	稲垣啓太
	2	ロス・フォード		2	堀江翔太
	3	ウィレム・ネル		3	山下裕史
	4	グラント・ギルクリスト		4	トンプソン ルーク
	5	ジョニー・グレイ		5	アイブス ジャスティン
	6	ライアン・ウィルソン		6	リーチ マイケル
	7	ジョン・ハーディ		7	マイケル・ブロードハースト
	8	デービッド・デントン		8	アマナキ・レレィ・マフィ
HB	9	グレイグ・レイドロー	HB	9	田中史朗
	10	フィン・ラッセル		10	立川理道
TB	11	ショーン・ラモント	TB	11	福岡堅樹
	12	マット・スコット		12	田村優
	13	マーク・ベネット		13	マレ・サウ
	14	トミー・シーモア		14	松島幸太朗
FB	15	スチュアート・ホッグ	FB	15	五郎丸歩
RESERVE	16	フレーザー・ブラウン	RESERVE	16	木津武士
	17	ライアン・グラント		17	三上正貴
	18	ジョン・ウェルシュ		18	畠山健介
	19	リッチー・グレイ		19	真壁伸弥
	20	ジョシュ・ストラウス		20	伊藤鐘史
	21	ヘンリー・ピルゴス		21	ツイ ヘンドリック
	22	ピーター・ホーン		22	日和佐篤
	23	ショーン・メイトランド		23	カーン・ヘスケス

◎スコットランド戦を終えて

エディー・ジョーンズHC

初戦から4日後で厳しい試合になるとは思っていました。今日は（勝つための力が）十分ではなかったです。10－12になった時、勝機があると思いましたが、スコットランド代表は勝利に値する本当に良いプレーをしました。相手はすべての機会を生かしたが、こちらは機会を生かせなかったです。サモア戦までたっぷりと休養日があるので立て直したい。

エディー・ジョーンズHC（試合翌日）

力を発揮できなかった。勝てると思ったからがっかりしています。自分も間違ったところがありました。セレクションで過ちを犯しました。選手たちをメンタル面で準備させることができなかった。自分が責任を負います。

初戦から、心身ともに戦わなければいけなかったのですが、そうではない選手を選んでしまったのは自分のミスです。正しいセレクションすることが自分の次の任務です。

スティーブ・ボーズウィック・アシスタントコーチ

前半は頑張ったので、残念な試合の終わり方でした。前半を終えた時点では相手にプレッシャーを与えていました。後半をまたやり直したいが、それはできないので、前を向いて10日後のサモア戦までに立て直さないといけません。

サモア戦はとても重要です。プールBは最終的に、ボーナスポイントがカギになるかもしれません。

キャプテンFLリーチ マイケル

南アフリカ戦では相手陣に入ったらPGやモールで得点を取っていましたが、今日の試合は（前半の1トライ以外は）何回チャレンジしてもトライが取れなかった。それが負けの要因の一つです。ミスが多かった原因は、個々の判断です。パスしないでいい時にパスをした。これから修正したい。一番は頭と体をリフレッシュしたい。準備をしっかりして前進あるのみです。

バイスキャプテンHO堀江翔太

ハイボールとか向こうの得意なところでやられました。良い準備をして、次の試合をやりたい。

もう少しアタックはボールをキープできればいいかなと。取り切れそうな時に、ボールを落としたりしてリズムがこなかった。

スクラムは試合序盤で組み方が違う分、戸惑いました。前半途中から対応できました。サモア戦はセットを安定させたいです。

バイスキャプテンFB五郎丸歩

厳しい結果でしたが、これだけの点差がつく実力差ではない。悪いところがすべてはまって、相手がいい走りをしました。あと2戦あります。下を向いている暇はない。我々はしっかり上を向いて、次のサモアに向けて準備をしたいです。

PR畠山健介

前半、最初のメンバーが我慢強くやっていました。勝てると信じてリザーブも準備していた。入った瞬間にテンポをあげていこうと。悪くなかったと思いますが、精度がもう一つでした。スクラムは少しプレッシャーを受けましたが、最後は修正できた。ただ、ゴール前でアングルがついてしまって、BKがディフェンスしづらい部分を招いた。しっかり反省したい。

FLツイ ヘンドリック

前向きな気持ちでいようと努力しています。2試合が終わって1勝1敗なら、2カ月前にはいい位置につけていると思っていたでしょう。1試合に勝っただけで何かは成し遂げている。

（マフィのケガの詳細は不明だが）彼は大丈夫だと思う。（欠場するとしたら）チームにとっては大きな損失だが、控えの層は厚いので代わりはいます。

SH田中史朗

外の防御がそろっていたので、（近場で）FWを前に出してと考えてやっていた。相手のFWを巻き込んだところで、BKで展開と思っていたけれど、思いの外、FWが前に出られなかったり、FWの順目に走るテンポを作れなかった。ディフェンスでは、外を狙ってくると話していたが、判断ミスでインターセプトからトライも取られてしまった。もっとコミュニケーションを取れば良かったです。

――南アフリカ戦よりコミュニケーションが取れてなかった？

前半、集中できていたのにミスやペナルティーが多くなっていました。それでメンタルが少し落ちていたのかもしれません。

（敵陣22メートル内でも）ちょっと近場に当てすぎたかな、と。近場は相手が強い部分だったので、FWのポジショニングも僕とかハル（立川理道）がコミュニケーションを取って、もっと広く立てていれば、もっとチャンスを生かせたのかなと思います。

――点差は広がったが、良かった点は？

モールでトライを取れたことは自信になります。後半崩れましたが、ディフェンスもそんなに悪くなかったです。

――相手はしっかりと分析してきたか？

どうですかね。戦い方は想像していた通りでした。相手も後半の前半は疲れていたけど、そこで取り切れなかったのが僕らの甘さです。中3日というのは言い訳にしかならない。そういった中でどうやって戦っていくかがワールドカップです。

SO立川理道

あと2試合しっかり勝てば準々決勝の道が見えてくると思います。だけど目の前の試合をしっかり見てサモア戦に準備していきたい。

――相手のディフェンスをこじ開けるには？

みんなが同じ動きをすることが大事です。一人ひとりでは世界で戦える選手ではないので、チームで動いて揺さぶりながらプレーしないといけないとわかった。疲れは正直ないですね。同じイメージを持ってアタックすることが大切です。「10シェイプならこの人が走る」ということをもう少し詰めてやっていきたい。

――パスをインターセプトされた場面は？

相手が狙っていることはわかっていたので、一人ひとりの判断ですね。もう少し気をつけてやっても良かった。相手のラインディフェンスが前に出るのが速かった。

――次のサモア戦に向けて。

PNCで何回かやっている。アンストラクチャーが強いと思うので、しっかりセットプレーの強みを出していきたいです。

WTB福岡堅樹

後半はできたけど、前半はボールがこなかった。その辺もコミュニケーションの問題だと思います。外でもらうチャンス、一つあったのはあった。あと自分からチャンスメイクのところでも、ボールタッチを増やしたい。とにかくあと10日あるので、チームで分析して、自分ができることをやりたい。

中盤、自陣ではこちらのアタックができました。そこで不用意なパスをインターセプトされたりした。キープしておければ良かった。外が余っている時に、内側まで声が伝わっていなかったのが原因です。ボールが欲しかった時にもらえなかったこともあった。22メートル内の相手ディフェンスは堅かった。ただ粘り強くアタックすればペナルティーは取れていました。

初のワールドカップで自分のやりたいようにできませんでした。今後悔してもしょうがない。まだチャンスがあります。

LOトンプソン ルーク

前半は頑張りましたが、後半ターンオーバーやハンドリングミスが残念でした。相手は良いチームだったので、試合が難しくなった。ミスの起きた理由はわからないほど、多すぎました。モールのチャンスがあったけど、ミスをしてしまった。これがテストラグビー。ディテールが完璧じゃないとダメです。

CTBマレ・サウ

疲れというよりも、精神的なものが大きかったです。チャンスを与えて、相手はそれを生かした。こういう大きな大会ではミスはできません。もっとボールをキープしないといけなかったですね。しっかりと休養を取って、次の試合に備えたい。8強に入るチャンスは十分にあります。

スコットランド戦を振り返って

２０１5年ワールドカップの予選プールが発表された時は、個人的にターゲットはスコットランド代表だと考えていた。

だが南アフリカ代表からの大金星で状況は一変。世界ランキングは日本代表が11位と、スコットランド代表より一つ格上に。しかし、やはり「勝つのは厳しいのでは」と思っていた。

まずスコットランド代表が初戦でフレッシュだったこと。イギリス国内の移動で時差などもない。そして２０１５年のシックスネーションズで全敗していたが、僅差での敗戦が多く、2年前に対戦した時とは別チームだった。新しくクレルモン（フランス）を欧州クラブ決定戦の決勝に導いたニュージーランド人の名将ヴァーン・コッターがＨＣに就任していたことが大きかった。

また日本代表は南アフリカ戦から中3日という身体的な疲れもあったが、一番、心配していたのは、メンタル的な疲労だった。

日本代表は24年ぶりにワールドカップで勝利し、しかもその相手は優勝2回の南アフリカ代表。エディー・ジョーンズＨＣは、南アフリカ戦に勝った直後の会見から、「何も成し遂げていない」と厳しい顔を貫いていたが、「南アフリカ代表に勝ったことで、スコットランド戦に対するみんなの意識が少し変わってきちゃったのかな」とＷＴＢ福岡堅樹が振り返った通りだったのだろう。

試合は、前半から攻めていく「アグレッシブ・ファスト・スタート」という指揮官の合い言葉を掲げて試合に臨んだが、今思えば、もう少しキックを使い、南アフリカ戦のように戦っていたら、もっといい試合をしていたかもしれない。

後々、スコットランドに勝ち点5を与えて、日本が0だったことが響くことになる。

この試合が唯一の出場となったＷＴＢ福岡は後に、こうスコットランド戦を振り返った。

「負けたのにはいろんな要因はあると思いますが、プレーの精彩を欠いていた。他の3試合と比べた時に、スコットランド戦はミスがすごく多かった。準備の部分でも、精神的にも戦術的にも体的にも、中3日というところで少し難しかった部分はあったのかと思います」

やはりコーチにとっても選手にとっても、南アフリカ戦から準備期間が中３日はあまりにも短すぎた。

日本代表は本当に強くなったのか？ ベスト8進出に向け、日本ラグビーの将来を占う大一番

2015年10月3日 ワールドカップ プールB サモア戦 （MKスタジアム）

南アフリカ戦とスコットランド戦、どちらが本当の日本の姿なのか。それを証明する試合が予選プール3戦目のサモア戦だった。

しかも、日本代表が目標としている決勝トーナメントに進出するためには絶対に負けられない戦いだった。予選プール2戦を終えてサモア代表、日本代表ともに1勝1敗と勝点4で並び、得失点差で日本は4位につけていた。

サモア代表はフィジカルに優れ、強力なランナーは揃う。だがフィジカルで互角に戦い、セットプレーを中心に組み立てれば勝機は十分にあった。

ただ日本代表とサモアの過去の対戦成績は3勝11敗と大きく負け越している。1991年大会と1995年大会と過去2回ベスト8に進出しているサモア代表に、もちろん、日本代表はワールドカップでは勝つことはできていなかった。

それどころか、２０１２年にエディーＪＡＰＡＮが発足して以来、サモア代表を含めたトンガ代表、フィジー代表のアイランダーのチームに対して１勝７敗と苦手にしていた。さらに２０１４年の4月に対戦したパシフィック・ドラゴンズ、２０１４年の11月に対戦したマオリ・オールブラックスとの2戦を加えると1勝10敗の散々たる結果だ。個々の接点の強さ、身体能力の高さにカウンターでやられるシーンがほとんどだった。

唯一の勝利は２０１４年5月に、ホームで戦ったサモア戦だった。ただ、今回のサモア代表のメンバー23人中、その試合に出場していた選手はたったの１人だった。「2軍」どころか「3軍」とも言えるメンバーだった。

しかし日本代表は中3日だった第2戦のスコットランド戦とは違って、中9日と休養期間もあり、分析を行って対策を立てるにはたっぷりと時間があった。ケガ人も戻り、メンバーもＰＲ稲垣啓太、ＮＯ8ホラニ龍コリニアシ以外の13人は、南アフリカ戦とほぼ同じ「最強メンバー」で臨んだ。個人的にはＳＨ田中史朗、ＳＯ小野晃征のハーフ団ではないと日本代表のアタックは機能しないと感じていただけに、ＳＯ小野の復帰は大きかった。

この試合で最年長キャップ記録を更新することになったＬＯ大野均が「（ラグビー人気がどうなるか）境目となる試合だったので南アフリカ戦より緊張した」と振り返ったように、南アフリカ戦とは違った意味で、日本ラグビーの将来を占う大一番だった。

◉サモア戦　レビュー

3戦目は「個」の強いサモア代表を、日本代表が「組織」で打ち破った試合となった。まずキーとなると予想されたセットプレーでは、日本代表が優位に立った。また南アフリカ戦同様に、個々が低いタックルを中心に体を張り、組織ディフェンスが機能し、相手のミスを誘っていた。LO大野均も「最初の20分でスクラムやモールで圧力を受けると後手に回るので、それは絶対ないようにしたかった」と言うとおりの展開となった。

この試合で秀逸だったのはSH田中史朗のタクト裁きだった。試合後に指揮官が「戦術的に良いプレーをした」と評したが、SH田中が攻撃のテンポに緩急をつけ、さらに戻りの遅いサモア代表の大型WTBアレサナ・ツイランギの裏へキックをするなどして試合をコントロール。そのため相手のディフェンスは前に出ることができなくなっていた。

9番を起点とする攻撃は接点の近くでは相手のプレッシャーを受けやすいため、少し距離を置いてFWの選手が立っていたことが印象的だった。ボールを継続するだけでなく、相手のFWを動かすことが狙いだった。

前半からゲームを完全に支配した日本代表は相手をいらつかせることに成功し、サモア代表は2枚のイエローカードをもらうことになった。その後23分にスクラムを押し込みペナルティトライ、40分にはWTB山田章仁が回転しながらトライを挙げて前半は20－0と大きくリードした。後半、メンバーを替えてきた相手に、やや後手に回ったところもあるが、結局、FB五郎丸歩がPGをさらに2本決めて、26－5で完勝し、ワールドカップで2勝目を挙げることに成功した。

ラグビーワールドカップ2015 プールB第3戦

2015/10/03(土)スタジアム MK(ミルトンキーンズ)14:30

サモア代表		日本代表
5	0 後半 20	26
	5 後半 6	

T	G	PG	DG		T	G	PG	DG
0	0	0	0	前半	2	2	2	0
1	0	0	0	後半	0	0	2	0

		サモア代表			日本代表
FW	1	サカリア・タウラフォ	FW	1	稲垣啓太
	2	ウェインオレ・アベイ		2	堀江翔太
	3	センサス・ジョンストン		3	畠山健介
	4	フィロ・パウロ		4	トンプソン ルーク
	5	ケイン・トンプソン		5	大野均
	6	オフィサ・トレビラヌス		6	リーチ マイケル
	7	TJ・イオアネ		7	マイケル・ブロードハースト
	8	ファイフィリ・レバベ		8	ホラニ龍コリニアシ
HB	9	カーン・フォトゥアリ	HB	9	田中史朗
	10	トゥシ・ピシ		10	小野晃征
TB	11	アレサナ・ツイランギ	TB	11	松島幸太朗
	12	ジョニー・レオタ		12	立川理道
	13	ポール・ペレス		13	マレ・サウ
	14	ケン・ピシ		14	山田章仁
FB	15	ティム・ナナイウィリアムズ	FB	15	五郎丸歩
RESERVE	16	モトゥ・マトゥウ	RESERVE	16	木津武士
	17	ビリアム・アファティア		17	三上正貴
	18	アンソニー・ペレニセ		18	山下裕史
	19	ジャック・ラム		19	アイブス ジャスティン
	20	サネレババエ・ツイランギ		20	アマナキ・レレィ・マフィ
	21	ババオ・アフェマイ		21	ツイ ヘンドリック
	22	マイケル・スタンリー		22	日和佐篤
	23	レイ・リーロ		23	カーン・ヘスケス

◎サモア戦を終えて

エディー・ジョーンズHC

今日の試合はファンタスティックでした。私たちは終始セットピースを支配しました。スクラムも勝っていました。前半で20点のリードをすることができました。後半、少しうまくいかない部分もあってボーナスポイントは取れませんでしたが、落胆する必要もないでしょう。次はアメリカ戦です。ベストゲームをして、これまでワールドカップで勝ったことのないアメリカ戦で勝利を挙げたいと思います。

ワールドカップのプール戦で簡単な試合はひとつもありません。最初に私が日本のラグビーに出会ったのは1996年でした。オールブラックスの10％くらいの力しかありませんでした。そこから日本のラグビーのレベルは進化しました。しかし同時にオールブラックスも進化しました。日本代表はチャレンジが必要でした。だからオールブラックスの10倍、日本の選手は努力しなくてはなりません。

スクラムはラグビーの基本です。いいスクラムを組めるチームはベストなチームと言えます。エリアを支配することができる。だからスクラムを強化しました。日本人は体格が小さいので、スマートなスクラム、つまりスクラムの正しいテクニックが身につくようにしたいと思いました。正しくスクラムが組めれば戦えます。そこはフランス人マルク・ダルマゾコーチがよくやってくれました。

（ディフェンスは）リーチ（マイケル）、（マイケル・）ブロードハーストらがいいチョップタックルをしてくれました。ラインブレイクされた後のリカバリーも良かった。後半も勝利に対しハングリーにいきました。山田の交代はアクシデントでしたが、幸いにもツイ（ヘンドリック）がＷＴＢとしていい動きができるので、そうしました。勝つためにやれることをしました。

入りが良かった要因はセットピースでしょうね。テリトリーも支配できたし、ポゼッションも上回ることができた。ディフェンスも良かったですし、ラインアウト、スクラムも優位でした。

（アメリカ戦まで）１週間あるのでマインドセットはできるでしょう。24年ぶりの勝利で日本のラグビーの歴史を変えましたが、目標はベスト8です。24年間勝てなかったチームが3勝すれば、歴史を大きく変えないということがあるでしょうか。何よりも満員の観客の前で選手たちはプレーできました。今までは閑散とした秩父宮でやらなければなりませんでした。これが日本のラグビーにとって一番大きなことです。もし来週勝ってもトーナメントに行けなかったとしても、この意味は大きいです。

キャプテンFLリーチ マイケル

今日は最初からアタックで仕掛けて、ディフェンスでもモールでもプレッシャーをかけることができたのが勝因だと思います。

――後半28分、ＰＧを得たがトライを奪ってボーナスポイントは考えなかったのか？

アタックをしていて自分たちの足がちょっと止まってしまいました。残り12分、相手はどこからでもトライの取れるチームです。トライされたらその勢いでどんどん攻められてしまうかもしれない。まずショットで勝ちにいこうと思いました。このショットが入っていれば、ボーナスポイントを狙いにいきました。試合前にボーナスポイントのことは頭の中になかったです。まず勝つことを意識して試合に臨みました。

バイスキャプテンＨＯ堀江翔太

想定どおりでした。準備してきたとおりやったかなという感じです。フィジカルは最悪イーブン、もし上回れば、絶対こっちのペースになると思っていました。スクラムはどうなるかと思っていましたが、予想どおり勝つことができました。１本目、２本目から良い感触でした。

セットプレーが安定したので、こちらのテンポで試合ができました。残り12分のＰＧは、その後、自分たちは攻める自信があった。グラウンドのリーダー陣の判断は良かったです。

次の試合を考えずに、メンタル、技術、コンディションをサモア戦に合わせた。スコットランド戦の敗北を引きずらず、南アフリカ戦の勝利に過信せず、どう準備するかだけに焦点を当てることができました。

バイスキャプテンFB五郎丸歩

１週間準備してきたことが出せました。いろんなシミュレーションをやってきました。期待されながらスコットランド戦ではふがいない試合をしてしまった。このサモア戦では我々の力をしっかり出せました。

SH田中史朗

FWが本当に体を張ってくれました。ダミーじゃないですが、ボールを出すふりをしたことで、相手がオフサイドを意識して、ボールを見たので、前に出られなくなっていました。僕の中で良い判断ができていたと思います。

（キックは）ツイランギが自分の後ろをあまりカバーできていなかった。ティム・ナナイ（ウィリアムズ）に渡さないように、彼の裏を狙ってキックしました。

みんな４年間、しんどい練習をしてきたので、ワークレイトが高いことが自信になっていた。この勝利は大きな意味があると思います。

SO小野晃征

攻撃では難しいプレーではなく、順目に走って、ワンパス、ツーパスでゲインラインを切ることを意識しました。相手のディエンスを下げるということを意識してボールキープしたら、相手はペナルティーをしてくれました。

ＦＷがセットプレーをコントロールしてくれたので、サインも出しやすいし、ゲームコントロールしやすかった。スクラムでペナルティートライも取れました。タイトファイブがハードワークしてくれた。彼らのおかげで勝つことできました。

ＣＴＢ立川理道

ＦＷがセットプレーで頑張ってくれました。サモア戦まで中９日空いて、いい準備ができました。後がないという気持ちの中でチームがまとまりましたね。

ディフェンスの意識は高かったし、アタックもＦＷが頑張って、どんどん相手を圧倒してくれた。だからＢＫは楽にプレーできました。

ＬＯ大野均

（最多キャップホルダーは）名誉なことですが、まだ試合があるので次にフォーカスしたい。スコットランド戦に勝てなくて、ラグビー人気が下がるか上がるか大事な試合でした。人気が崩れないよう、南アフリカ戦より緊張しました。

サモア代表は、スクラムやモールで勢いをつけてくる。４年前もアイランダーのチームは、ワールドカップでは別のチームだった。最初の20分で圧力を受けて、後手に回ることは絶対にないようにしたかった。

ワールドカップで2勝を挙げましたが率直にうれしいです。勝たないとラグビー人気がなくなってしまう。これからの４年を左右する試合でした。この勝利がさらにラグビー人気につながってほしいと思います。

LOトンプソン ルーク

1～23番までみんな頑張ったね。サモア代表は大きいし、パワーがある。低いタックルとラインスピードを上げれば、勝つチャンスはあると思っていました。まだ完璧ではないし、改善する部分もある。まだ仕事は終わっていません。

WTB山田章仁

（トライを）取り切れなかったですが、ハタケ（畠山健介）を信じていました。あのトライは相手のＷＴＢアレサナ・ツイランギが上にヒットしてくるのがわかったので、回転しました。ワールドカップの初トライはうれしかったです！

サモア戦を振り返って

もちろん、帰国した後に知った話だが、この日本代表対サモア代表の日本でのTVの視聴率は19％を超えて、最高瞬間視聴率も25％ほどというラグビー中継にしては驚異的な数字をたたき出していた。

他にもNHKのBSやCSなどで見ていた人もいたはずであり、日本国内でおよそ2500万人が視聴、これはワールドカップの記録を更新したという。

南アフリカ戦は期待されていなかったことや深夜の放送ということもあったが、このサモア戦は土曜日で、しかも22時半からの放送だった影響もあるだろう。

それでも、苦手としていたアイランダーのチームを日本代表が、まさしく理詰めの戦いで、ワールドカップ史上初めて下した。ただ、どちらかというと、一般受けするよりも、玄人受けするような試合で、視聴率の最高記録を更新したことに驚きを隠せなかった。

エディーJAPANはワールドカップを含めて57試合戦ったが、一番、「日本代表が強い」と感じた試合であり、自分たちがやりたいことができたという意味では、おそらくベストゲームの一つだったと思う。

セットプレーで優位に立ち、相手の攻撃を組織ディフェンスで寸断して、イライラさせて、シンビンを誘い、PGを重ねながら試合を進めた。そして前半、スクラムでペナルティートライを獲得し、さらに前半終了間際に、WTB山田章仁が回転しながらのトライで、20－0で折り返した。

しかし結局、26－5で勝利したが、ボーナスポイントは獲得できなかった。

確かに負けてしまうと「ベスト8」への可能性がほぼゼロになってしまう。一方で先を考えれば、4トライ以上のボーナスポイントを得ての勝利が必要だった。

だからこそ、後半、もう少し積極的にトライを狙っていってほしかった。特に29分の場面だ。選手間でも意見が割れたようだが、FLリーチ マイケルキャプテンにはPGを選択せずに、モールでトライを狙いにいってほしかった……。

ただ24年間、ワールドカップで勝っていなかったチームに対して、こんな贅沢なことも考えてしまうほど、この日の日本代表は強かった。

いずれにせよ、日本代表は南アフリカ戦の勝利がフロックではなく、その強さを世界に証明することに成功した試合となった。

写真:齋藤龍太郎

エディーJAPAN57試合目
退任する指揮官へ捧げる1勝

2015年10月11日 ワールドカップ プールB アメリカ戦（キングスホルム・スタジアム）

ワールドカップの予選プールの最終戦のアメリカ戦は、「一番難しい試合」とキャプテンのFLリーチ マイケルが表現したが、そのとおりの試合だっただろう。

予選プール3試合を終えて、スコットランド代表が2勝1敗で勝ち点10の2位、日本代表は2勝1敗で勝ち点8の3位だった。

もし、スコットランド代表が前日（10月10日）のサモア戦で、勝ち点3以上（4トライ以上の引き分けまたは勝利）を得てしまうと、日本代表はアメリカ戦の結果にかかわらず、目標としている「ベスト8」進出を逃す状況だった（勝ち点が並んだ場合は当該成績）。

エディー・ジョーンズHCは「自分でコントロールできないことは気にしない」と何度も言ってきたが、選手たちはメンタルの持っていき方は難しかったはずだ。もし前日にスコットランド代表が勝利すれば、日本代表は3勝しても準々決勝に進出できない初めてのチームになる可能性があった。

10日、選手たちは試合をテレビで見ていたという。メディア関係者も前日練習後、控え室でスコットランドの試合を見ていた。サモア代表は2勝目を目指し、意地とプライドを懸けてスコットランド代表に挑んでいた。点の取り合いとなり、勝負は最後までわからなかったが、スコットランド代表が36－33で勝利した。

この瞬間、日本の決勝トーナメント進出はなくなり、アメリカ戦の結果にかかわらず、日本のプール3位と、2019年ワールドカップ出場権獲得も決まった。24年間勝利したことがないチームが2勝を挙げて、予選プールに3位になるだけでも立派だが、当事者の選手たちはこの状況を整理するのは難しかったと推測する。

それでも、2勝と3勝では大きく違う。南アフリカ代表とサモア代表に勝利したチームがアメリカ代表に負けるわけにはいかない。これまで日本代表はワールドカップでアメリカ代表に勝ったことはなかった。しかもアメリカ代表は第3戦の南アフリカ戦で主力を温存し、0－64で敗戦。日本戦にすべてを懸けて挑んでくる。

ワールドカップの最終戦、日本代表を4年間率いてきたエディー・ジョーンズHCのラストゲームだった。「エディーJAPAN」として57試合目、白星で有終の美を飾ってくれると信じていた。

◉アメリカ戦　レビュー

「エディーＪＡＰＡＮ」のラストゲームとなったアメリカ戦、すでに決勝トーナメント進出の可能性はなくなっていたが、エディー・ジョーンズＨＣは試合直前のロッカールームで「プライドを持って戦おう」と涙を流して、選手を送り出した。

感極まって、多くの選手は国歌斉唱の時から泣いていた。そのためか、「気持ちが入りすぎてしまった」とバイスキャプテンのＨＯ堀江翔太が振り返ったように、立ち上がりはやや空回りしてしい、先制のＰＧを許してしまう。

それでも前半6分、ＳＯ小野晃征のラインブレイクからチャンスを作り、素早く左に展開し、ＷＴＢ松島幸太朗がトライを挙げて7－3と逆転に成功する。その後、アメリカ代表にトライを許してしまったが、この試合、ワールドカップ初出場となったＷＴＢ藤田慶和が、なんとモールに加わって、そのままインゴールに飛び込んで14－8。さらにＦＢ五郎丸歩がＰＧを決めて17－8とリードして前半を折り返した。

後半、日本は相手の攻撃をしっかり体を張って守り、攻撃ではボールキープする確実な攻めを見せた。互いにＰＧを決め合って20－11とした20分、相手がシンビンとなり数的有利となる。21分、日本代表はそのチャンスを見逃さず、モールからＮＯ8アマナキ・レレィ・マフィがトライを挙げて25－11としてリードを14点差とする。

30分にアメリカ代表にトライを許すが、日本代表も36分にＦＢ五郎丸がＰＧをしっかり決めて、危なげなく28－18で勝利。日本代表がワールドカップで初めて3勝を挙げた。

ラグビーワールドカップ2015 プールB第4戦

2015/10/11(日)キングスホルム(グロスター)20:00

アメリカ代表		日本代表
18	8 後半 17	28
	10 後半 11	

T	G	PG	DG		T	G	PG	DG
1	0	1	0	前半	2	2	1	0
1	1	1	0	後半	1	0	2	0

		アメリカ代表			日本代表
FW	1	エリック・フライ	FW	1	稲垣啓太
	2	ザック・フェノリオ		2	堀江翔太
	3	ティティ・ラモシテレ		3	山下裕史
	4	ヘイデン・スミス		4	トンプソンルーク
	5	グレグ・ピーターソン		5	アイブス ジャスティン
	6	アル・マクファーランド		6	リーチ マイケル
	7	アンドルー・デュルタロ		7	マイケル・ブロードハースト
	8	サム・マノア		8	ホラニ龍コリニアシ
HB	9	マイケル・ペトリ	HB	9	田中史朗
	10	アラン・マクギンティ		10	小野晃征
TB	11	ザック・テスト	TB	11	松島幸太朗
	12	スレトン・パラモ		12	クレイグ・ウィング
	13	シーマス・ケリー		13	立川理道
	14	タクズワ・ングウェニア		14	藤田慶和
FB	15	クリス・ワイルズ	FB	15	五郎丸歩
RESERVE	16	フィリップ・シール	RESERVE	16	木津武士
	17	オリー・キリフィ		17	三上正貴
	18	クリス・バウマン		18	畠山健介
	19	キャメロン・ドラン		19	真壁伸弥
	20	ジョン・クイル		20	アマナキ・レレィ・マフィ
	21	ダニエル・バレット		21	ツイ ヘンドリック
	22	ニク・クルーガー		22	日和佐篤
	23	フォラウ・ニウア		23	カーン・ヘスケス

◎アメリカ戦を終えて

エディー・ジョーンズHC

（最終戦勝利という結果に）とても満足しています。アメリカはすばらしい試合をしましたし、次々に攻撃を仕掛けてきました。私たちはすべてのリソース、フィットネス、スキル、持っているものをすべて使って戦わなければなりませんでした。普段より選手たちは15〜20％ほど調子は落ちていましたが、良いプレーをしました。うれしい勝利です。

（3勝しても準々決勝に行けなかったが）とても満足しています。2019年のワールドカップはすばらしいトーナメントになるでしょう。次回は現在のスコッドの60％の人がワールドカップに参加すると思います。

キャプテンFLリーチ マイケル

目標だったベスト8に行けなくて残念ですが、ワールドカップで3勝してとても大きなステップだと思います。アメリカ代表は強くて大きかったので、相手の勢いに巻き込まれた時間もありましたが、チームがよく我慢してディフェンスできたのは良かったです。

世界からもっとリスペクトされると思います。だから、さらにティア1の国と戦うことができれば、日本代表はもっと強くなる。このまま続けていきたいと思います。このチームの中に多くの若い選手がいるので、今の大会を経験して２０１９年大会につなげていきたい。

バイスキャプテンHO堀江翔太

相手がこの一戦に懸けていたので、勝てて素直にうれしいですね。試合前に決勝トーナメント進出がなくなって、すごく残念な気持ちがありました。しかし選手一人ひとりが絶対勝つという気持ちを作って臨んだから、勝利という結果になりました。エディーのラグビーを信じて『これをやれば勝てる』とみんなが疑わず、全員が同じ絵を見られた。ワールドカップで、強いメンタルを作って実行できたことがすばらしい。

バイスキャプテンFB五郎丸歩

80分間落ち着いて、プレーの選択ができました。みなさんは大差で勝ってほしいと思ったでしょうが、プライドをかけた試合だったので、こういう接戦を予想していました。（この試合は）最初から結果を気にせずに試合に集中することをチームとして言っていた。ブレることはなかったです。準々決勝に行きたかったですね。ベスト8が目標だったので、3勝はしましたけど、目標を達成できなかった悔しさのほうが強かったです。（終わった瞬間は）なんとも言えない気持ちでした。曇り空みたいな感じでした。達成感はなかったですね。

SO小野晃征

アメリカ代表は失うものはない、1勝するという気持ちが出ていたと思います。前日、スコットランド代表に対するサモア代表も同様だったけど、1勝するということが、どれだけ大きいモチベーションになるか見えました。だからアメリカ代表もそういう意識でくるのはわかっていました。そんなアメリカ代表に対して、日本代表も一歩も下がらなかったと思うし、ディフェンスもアタックも、『ジャパンウェイ』ができた。次につながる、日本代表はこれで終わらない、というパフォーマンスと結果だったと思います。

――突破するシーンが多かったが？

相手のディフェンスラインのスピードが速いことはわかっていました。スペースが目の前にあったら狙っていくだけでした。（自分の周りに）強いランナーがいて、自分がマークされていないと感じていました。

SH田中史朗

この試合は、次のワールドカップ、次の代表につながる試合にしようと自分に言い聞かせてプレーしていました。アタックでアメリカ代表がすごく前に出てきて、そこでつぶされたり、ブレイクダウンでもプレッシャーを掛けられてしまい、ミスをしてしまったりというのがあった。でもアタックでは、しっかりコミュニケーションを取ってボールをキープするように修正しました。またディフェンスで前に出られて我慢できたので、継続しようと話していました。ブレイクダウンでも選手同士で何回か話をして修正しました。相手が我慢しきれなくてペナルティーをしていた部分があったので、そこは良かったです。

WTB松島幸太朗

今までの試合以上に気合を入れていかないと危ない試合だったので、みんなすごいタックルもいっていたし、良かったです。

WTB藤田慶和

全然緊張せずに、いつもどおり入れたので、それがいいプレーにつながったと思います。モールでのトライは記憶にありませんね。チャンスだと思ったらBKも入っていいというのはチームミーティングで言われていました。僕のトライというよりもFWのトライです。（モールが）ずれたので、もう1回モールを形成しようと思ったら、トライラインが見えた。トライはうれしかった。チームに勢いを与えられたと思います。

アメリア戦を振り返って

「鬼の目にも涙」だった。エディー・ジョーンズHCも、試合前から泣いて選手を鼓舞した。そのためか国歌斉唱時には多くの選手が泣いていた。そして、勝利した後、テレビのインタビューでFB五郎丸歩、SH田中史朗が涙を見せた。

エディーJAPANのラストゲームで感極まった選手もいよう。勝利しても目標だったベスト8に進出することができず悔しさの涙もあった。はたまた、この4年間背負ってきたものから解放され、安堵の涙もあったかもしれない。

ただ、この4年間で、これだけのコーチ、選手が泣いた試合は初めてだった。それだけ、エディーJAPANの戦いが長く苦しい旅だったことを裏付けている。

本当に、アメリカ戦はメンタル的にはタフな試合だった。

エディーJAPANにとっては、アメリカ代表は、楽勝とは言わないが、PNCのようなテストマッチであれば、苦労せずに勝利してきた相手だった。

しかし、前日にスコットランド代表が勝利し、決勝トーナメント進出の可能性がゼロになり、しかも3位が決まった。ワールドカップという真剣勝負ながら、いわば「消化試合」となってしまった。

それでも日本代表は、桜のジャージーの意地とプライドを懸けて、「何とか1勝を挙げたい」と挑んでくる相手にチーム一丸となって勝利した。多くのファンは、南アフリカ代表とサモア代表に勝ったチームだから、「格下相手には勝って当たり前」と思っていたはずだ。

そんな中でも、日本代表は常に得点でリードを奪い、しっかりとゲーム運びをして白星を挙げた。私もスコットランド代表が勝ってがっかりしたにもかかわらず、選手たちは気丈に戦い、「本当に強くなった」と感心してばかりいた。

2015年の7月にお披露目された新ジャージー。正直、しっくりきていなかった。パンツが黒から白になったせいかもしれない。ただ、ワールドカップを経て、3勝を挙げると、だんだんと格好良く見えてくるものだ。

2012年のチーム結成以来、数々の歴史を塗り替えてきたエディーJAPANだが、最後も試合でも「予選プールで3勝したが決勝トーナメントに進出できなかった初のチーム」として、イングランドを去った。しかも勝ち点は3位の中ではトップだったため、ベスト8に進出したチームの次の9位で大会を終えた。

写真:齋藤龍太郎

2015年10月12日ワールドカップ総括記者会見

ワールドカップ4戦目のアメリカ戦から一夜明けた10月12日、3勝1敗ながら決勝トーナメントに進出できなかった日本代表が、イングランド・グロスター近郊の宿泊先のホテルで2015年ワールドカップの総括記者会見を行った。

エディー・ジョーンズHC

次の試合に向けて準備をしない朝はちょっと変な気分です。ワールドカップを9位で終えることができたことは偉業だと思います。それは、やはりリーチやリーダーたち、選手たちの功績です。ワールドカップのパフォーマンスはすばらしかった。見せてくれたラグビーの質、意図と情熱、勇気が、今後の日本ラグビーのレガシーとして受け継がれていくでしょう。また日本には新しいヒーローが誕生したが、どのヒーローもハードワークを続けないといけない。そうすれば成功が続くでしょう。

――大会前、最も印象に残るチームになりたいと言っていましたが。

それは自分たちで判断することではありません。しかし、ファンのリアクションを見てみると、それに値すると思います。ワールドカップに違う風を吹かせたと思います。ラグビーはパワーと衝突が起こるゲームで、対戦国と日本はパワーで差がありました。けれどもゲインラインを超える方法を見つけて、工夫して、体を張って、パワーがなくてもラグビーで勝てるということを証明できました。

――これ以上の成績を収めるために日本でもプロに近い環境が必要か？

プロというのはマインドセットが大きく関わります。日本のすべてのチーム、高校からトップリーグまで、練習している時間はプロと同じです。ただマインドセット（心構え）がプロではない。そこは変わらなければなりません。代表チームだけでは変えられないものです。トレーニングのためにトレーニングしたり、ミーティングで選手は誰も質問されなければいいなと思っていたり……分析もしっかりしないといけません。

強調したいのは、選手のポテンシャルは高いが、マインドセットが変わらないといけない。そこは日本ラグビー協会の責任ではありません。各チームの責任です。マインドセットを変えることはできる。選手たちにやらせる、ベストプレイヤーにするためには何が何でもやる。

今、若い選手たちは、次の桜のジャージーを着たいと思っている選手が多い。けれど、そうするためには、どれだけの苦労が必要かわかってくれると思います。ポテンシャルの高い選手たちが育てば、準々決勝に進出するという目標が具体化されるでしょう。

――大会前に想定していた結果と比べて３勝１敗という成績は？

良いパフォーマンスができればすべて勝てると思っていました。３戦は非常に良かった。ただスコットランド戦は50分まで良いプレーができましたが、それ以降、何かの原因で低下してしまった。これが準々決勝に進めなかった要因です。ワールドカップ、そして日本ラグビーの歴史を振り返ると、昨日のアメリカ戦は決勝戦のような試合でした。3つの試合で、ラグビーの高いクオリティーを見せることができたのは非常に喜ばしいことです。

日本は独自のプレースタイルを持っていることに誇りに思ってほしい。そして未来のことは自分のコントロール外ですが、その自分たちの独自の戦い方を継続する勇気を持ってほしいと思っています。日本のラグビーが世界のラグビーに違う局面を与えた。他のチームを見ると同じような戦い方をするチームが多い。だからこそ、独自の戦い方を継続する勇気を持ってほしいです。

――エディー・ジョーンズHCにとって日本代表というチームは？

すべてのチームを愛しています。日本代表も愛しています。自分の中には日本人の血が流れているので特別な感じがします。この4年間で、一番成長したのはセットピース、80分間戦い続けるフィジカルです。これらもまた選手たちの功績です。コーチたちもすばらしい仕事をしてくれました。特に（ストレングス&コンディショニングコーディネーターの）ジョン・プライヤー氏がよく働いてくれました。彼は日本代表に人生を捧げたような男です。

――2019年大会、日本代表は準々決勝に進出できると思いますか？

非常に難しいでしょう。パワーの差を乗り越える方法を日本は探らないといけない。鍵となるポジションの人数が足りません。大野がまだプレーできるかわかりませんが、次の大会では41歳になっています。優秀なLOがいません。相手のLOは非常に経験値が高いでしょう。C

ＴＢも層が非常に薄い。パワフルな選手を育成しないといけない。ＷＴＢもパワーが必要です。

日本代表が成功したのは、経験を積んだからです。すべてのスコッドで総キャップ数は５５０でした。ワールドカップは10、15キャップでは通用しません。２０１６年から２０１９年のワールドカップまでに40キャップを積み重ねないといけない。準々決勝に進出するためには、いろんなプランニングが必要です。ただ必然的に起こるわけではない。もちろん不可能とは言っていません。しっかり問題を見極めて解決方法を探らないといけません。

キャプテンＦＬリーチ マイケル

朝起きて、次にこのチームで試合ができないことが少し寂しかったです。この4年間、背中を押してくれた家族、チームメイト、スタッフ、ファンのサポートが心強かった。感謝しています。昨日の試合は大変で、みんなが体を張って戦って、このチームの成長を感じることができました。また試合後、ロッカールームに帰った時、キンさん（大野均）、トシさん（廣瀬俊朗）、ホラニ（龍コリニアシ）が片付けをしていた。良い伝統を作ったなと思いました。この伝統がこのまま続くように努力したい。そして日本のファン、新しいラグビーファンが、今後も日本代表の応援を続けたくなるような活動をしていきたい。

――次の大会にベスト８に進出するためには、どういったことを改善すべきか？

エディーが先ほど言ったように、経験が重要です。この４年間だけでなく、その前から、日本代表はちょっとずつ強くなってきていました。今大会のメンバーには２００７年大会に出た選手、2011年大会に出た選手もいました。今回のメンバーから2019年に出る選手も出てくるでしょう。これから代表に入る新しい選手は、本当にワールドカップがどれだけ厳しいかわかっていない選手もいると思います。その厳しさをどう2019年につなげていくか考えないといけません。ワールドカップでベスト8に入ることは本当に大変です。

――最後にエディー・ジョーンズHCに言葉を伝えたりしたのか？

正式にエディーにはまだ感謝の言葉は伝えていません。昨日、ミーティングでスタッフに感謝していこうという話をしました。エディーの指導は最後となりましたが、どこかで会うと思います。エディーはこの4年間、日本のラグビーに対して、本当に熱を持って指導してくれました。どれだけ勝ちたいか伝わってきたし、そういった姿勢を見せて、努力をして自分の体がボロボロになるまで、チームを強くした。本当にエディーに感謝しています。

写真:齋藤龍太郎

第5章
日本代表戦士14名
インタビュー

菊谷 崇
小野澤宏時
佐々木隆道
大野 均
小野晃征
畠山健介
山下裕史
福岡堅樹
藤田慶和
田中史朗
木津武士
伊藤鐘史
廣瀬俊朗
リーチ マイケル

INTERVIEW

24年間勝てなかった日本代表が3回も勝ったそんなチームに携われて素直にうれしい

菊谷崇

キヤノンイーグルス

御所工業高校、大阪体育大学からトヨタ自動車、サラセンズを経て、2014年からキヤノンへ。2008年から日本代表キャプテンを務め、2011年ワールドカップ全試合出場を果たした。

ワールドカップ、初勝利の瞬間

――2011年ワールドカップではキャプテンを務め、エディーJAPANでも2012年から2014年まで代表に選出されていました。2015年のワールドカップをどう見ていましたか？

菊谷　日本代表が勝ってほしいと当然思っていましたが、それ以上に、選手たちはこの4年間、非常にハードなトレーニングに取り組んできましたから、その過程が報われてほしいという願いを持っていました。ワールドカップに照準を合わせた日本代表の真の実力がまったく見えない状況でしたからね。

――南アフリカ代表に勝った瞬間はどう思いましたか？

菊谷　町田のパブリックビューイングで解説していて、いや、もう大騒ぎでしたよ。その時は完全に一ファンでしたね。最後のスクラムのシーンでは、「みなさん、ここでしょ。みなさんの応援がみんなに伝わるようにいきましょう」とか言って「押せ！　押せ！　ジャパン！」と、はしゃいでいましたね（笑）。

――南アフリカ代表に勝った要因はどう分析されますか？

菊谷　選手全員が勝つと思っていたから、勝ったんですよ。初戦の南アフリカ代表に勝つためのプランを徹底的に考え抜いて、何度も練習でシミュレーションし、実戦で遂行できた成果でしょう。敵がどうこうというより、4年間、日本代表がどれだけワールドカップに向けて、しっかり準備してきたかというほうが大きかったと思います。

――菊谷選手ご自身は2014年の春シーズンで、日本代表から離れました。

菊谷　ケガもありましたが、（トヨタ自動車から）新しいチーム（キヤノン）に加入したばかりで、初めての移籍だったということもあり、チームに早く合流したい思いもありました。結局2014年の春は日本代表に専念したのですが、そこで自分の中で一区切りついたという感じでしたね。

――日本代表の練習でケガをしたのですか？

菊谷　サラセンズでプレーしている時、日本に帰る最後の週に右太ももを肉離れしてしまいました。そのリハビリ中に（フラン・）ボッシュが日本代表に来たんですよ。ボッシュにスピードトレーニングを教わっている時に、結構衝撃があって、今度は持病の膝を悪化させてしまいました……。

古い考えですけど、日本はちゃんと練習したから試合に出られるみたいな文化がありますよね。僕、練習もろくにできなくて、アタック&ディフェンスだけしかしないと、自分の中で一日の満足感がないんです。他の人は朝からハードワークしている中で、自分だけ充実感のない春を送っていました。まあそういった状況だったので、もう（日本代表は）いいかなと。エディーにも「お前、顔から日本代表を引退したような気持ちが出ている」と怒られたりして、「ようわかるな」と思っていましたね。

でも、試合中はみんながやりやすい環境にしようと努めましたね。まだ若い選手もいたので、お兄ちゃんが雑務を率先してやることが、チームにとってプラスになるだろうと思っていたので、そういうことにフォーカスしてやっていましたね。

――そして2014年の春を終えて、エディー・ジョーンズHCに代表引退の意向を伝えたのですか？

菊谷　「お前、引退する気か？」「何を考えているねん」とか言われながら、それでも春をやり通した。その後、11月のウィンドウマンスに向けて、エディーから「僕がワールドカップに対して、どういう風にやっていくかミーティングをしたい」と連絡がありました。

しかし、キヤノンに合流したばかりで難しいタイミングでしたし、自分の中ですでに一区切りついていました。ですから「僕には必要ないです」と答えました。最終的に、エディーも「わかりました」と言ってくれました。

――移籍したキヤノンで、プロ選手として集中したいという気持ちが大きかったのでしょうか？

菊谷　そうですね。当時は自分のプレーに集中することと、日本代表のために動くというところで葛藤がありました。そして、僕は前者を選びました。今回のワールドカップでトシ（廣瀬俊朗）が試合に出られませんでしたが、チームのためにずっと働いていました。もし僕があそこで区切りをつけず、仮にワールドカップに行けたとしても同じような状況だったと思います。彼がチームに残ってしっかりやってくれたことは、本当に大きかったと思います。

だからワールドカップでの日本代表の活躍は悔しいというよりうれしかったですね！

――2015年の8月には宮崎合宿で講演もしていましたね。

菊谷　エディーから連絡が来たので、「行かせていただきます」と返事をしましたね。日本代表のみんなが「憧れの存在である」ことを伝えました。

エディーJAPANとの3年間

――エディーJAPAN始動時にどんなことが印象に残っていますか？

菊谷　ハードワークと（アタック・）シェイプですね。あれだけボールを動かすということに、まず僕たちはつまずきました。そこから徐々にコーチたちが来て、スクラムとラインアウトを強化するなどプラスアルファしていきましたね。

ただ基本的に1年目は、試合の最後まで走るということに重きを置いていました。GPSをつけて試合やトレーニングを行って、世界のラグビーとのスピードの差を痛感しました。数字で示してくれたので、新鮮でもあったし、明確で取り組みやすかったですね。こういうラグビーがしたいから、これだけのスピードが必要で、だからこれだけの練習をするという、落とし込みがしっかりとされていましたから。

――さすがワールドカップを経験した指揮官だと。

菊谷　いや、ワールドカップを経験したコーチだからできるのか、エディー・ジョーンズだからできるのかといえば、むしろエディーだからでしょう。理論を説明してもらって、その上での練習だったので、みんなしんどくても取り組めたのだと思います。

――1年目の最後のジョージア戦でもシェイプを使いつつ、走り勝ったという感じでしたね。

菊谷　そうでしたね。でも、そこでスクラムが課題だということが明確に見えましたね。2年目は体の強化から始まって、ウエイトトレーニングにも力を入れて、体も大きくしつつ走りきるという感じでしたね。でも最初はしんどくて、理不尽なようにも感じていて、文句も言っていました。それでも結果がついてくると余計に、練習に対して前向きに取り組むこともできました。そういった日本代表の成長過程を見られたのは僕の中でも大きかったです。

課題だったスクラムも、最初は低い姿勢で組んで5メートル後ろに下がるだけでもみんなひいひい言っていたのに、4年目は当たり前のように、ストレッチをするかのように組めていた。途中から僕は外から代表の試合を見る立場になりましたが、FWの成長をやっぱり実感できました。

――副将だった佐々木隆道選手が外れた後、菊谷選手はリーダーの一人でしたよね？

菊谷　そうですね。廣瀬がキャプテンの時は、廣瀬・五郎（丸歩）・僕の3人しかいなかった。結構、ミーティングをしましたね。廣瀬の下に2人いて、五郎はグラウンド内、僕はグラウンド外の担当でした。1年目の秋だったかな、後からリーチ（マイケル）が入ってきた。そしてリーダー陣で、日本人選手も外国人選手もみんなで国歌斉唱をしましょうということになりました。

――そういう中で2年目にウェールズ代表に勝利するという結果を出すことができました。

菊谷　ゲームキャプテンを務めた、ウェールズ戦の1戦目に負けて、エディーが激怒しました。もう試合でキャプテンしたくないな（苦笑）と思っていたら、2戦目はキャプテンの廣瀬がケガから戻ってきて勝利。こいつ持っているなと思いました（笑）。

――ウェールズ戦直前に行われた、トンガ戦とフィジー戦はあまり良い負け方ではなかったですね。

菊谷　一番の思い出は、そのトンガ戦とフィジー戦ですよ。トンガ代表は序盤から勢いよく仕掛けてきて、取り返せなかった。大雨の中で行われたフィジー戦は、相手のスクラムが強くて、1回もマイボールが出てこない。何もできずに終わってしまった。僕はフィジー戦後に、エディーからいろいろ言われてケンカしましたね。メンタル的なことを指摘されました。ウェールズ代表との1戦目は接戦でしたが、この2試合の負けがあって、これ以上あかんという思いがあったからこそ。この2試合の敗戦は僕の中では大きかったですね。

――1年目から2年目、チームとしての流れは何が良かったのでしょうか？

菊谷　ワークレイトとテンポを上げる、そしてシェイプという柱がしっかりしていた。この2枚看板をブレずに強化していくことができました。しんどかったですけど、ブレてないところが一番大きいですよね　あとはマーク（・ダルマゾ）と、スティーブ（・ボーズウィック）の二人のコーチが加入して、当然セットプレーのクオリティも上がりました。

２０１３年の春の最後の試合でアメリカ代表に勝ちました。この時期はコリー（ホラニ龍コリニアシ）とライバル争いもして充実していましたし、すごく良い感じで終わることができましたね。

――さて、３年間の代表活動に区切りをつけた現在も菊谷選手は、日本を代表するプレイヤーの一人として活躍しています。

菊谷　実はコーチングにも興味はあるんです。２０１１年のワールドカップをキャプテンで出場させてもらって、ＪＫ（ジョン・カーワン　ヘッドコーチ）と「いろいろな経験をしているから、それを後輩に伝えないとダメだ」という話はしていました。ただトヨタ自動車では引退後、システムとして3年間はチームに戻ることができない。できても週末に大学のコーチかなという感じくらいでしたね。

だから、エディーに日本代表に呼ばれなかったら、２０１１年以降もラグビーで生きていこうとは思わなかっただろうし、今頃、スーツを着てトヨタ自動車で働いていたんじゃないですかね。まさか移籍して、まだプレイヤーを続けているとはね……。

――改めて、結果を出したエディーＪＡＰＡＮを菊谷選手はどう見ていますか？

菊谷　決勝トーナメントに行けなかったというのは現実的な問題ですが、それでも24年間ワールドカップで勝てなかった日本代表の歴史の中で、3回も勝ちましたし、南アフリカ代表も倒した。大きな成果だったと思います。

INTERVIEW

エディーさんなら、こういう準備はするだろう だから彼の下では、それ相応の覚悟が必要

小野澤宏時

キヤノンイーグルス

静岡聖光学院高校、中央大学からサントリーを経て2014年にキヤノンへ。ワールドカップでは2003年から3大会連続でトライを挙げた。2014年には日本代表のメンターも務めた。

大会までの準備がしっかりできていた

——2015年ワールドカップでの日本代表の活躍をどのように見ていましたか?

小野澤　初戦の南アフリカ戦は、町田のパブリックビューイングで、深夜みんなで見ていました。興奮しましたね。純粋に「いいなぁ」と言いながら見ていました。

——南アフリカ戦は勝てると思っていましたか?

小野澤　勝てる……ですか。大会直前の取材でもメディアの方に「勝てると思いますか?」と向けられる時点で、聞いている方は「もう勝てない」と思っているんじゃないかと感じていました。すべてにおいて勝てるという雰囲気を作っていく必要があったし、勝つと信じて、その瞬間を待っているだけでした。

——サントリー時代から、エディー・ジョーンズHCとの付き合いも長いです。南アフリカに勝てた要因は何だと思いますか?

小野澤　あの試合だけを見ると、前半はエリアを取るというマネジメントがうまくいきました。そして後半に点を取りにいくという場面でランニングとシェイプといった、いわゆるアタッキング・ラグビーをしっかりして、ミスなくボールを継続できていました。サインや状況判断も難しくて複雑だった練習を、自分たちがどこまでシンプルに理解できていたかということが重要だと思うので、試合を見て、そういうところまでやり込めたんだなという感覚はありましたね。そういう意味でも、大会までの準備がしっかりできていたんだと思います。

——最初は「キックを蹴らない」と言っていたエディー・ジョーンズHCも、南アフリカ戦ではキックを蹴っていました。

小野澤　そういう部分が（就任してからの）4年間で試していった積み重ねだったわけです。シナリオとしては納得しました。1年目、まずエディーがサントリー監督時代に、つまり国内でやってきたスタイルを日本代表でもやってみて、それをフィードバッ

クして2年目はサイズアップに取り組んでいたように、1年、1年、しっかり反省して、次に生かすプランニングができていました。この4年間だけではなくて、もう少し前からの日本代表が戦ってきた流れというところも組み込んでいたと思います。3年目は、判断とコミュニケーションという、共通の言語理解みたいな部分をどう伝達すべきなのかというところを中心に、リーダーを増やしたり、日本語をある程度話せる選手とか、外国人の配置の仕方もすごく考えたんだろうなと感じましたね。

――南アフリカ戦の最後のスクラム前、相手が反則した後、エディー・ジョーンズHCは「ショット」と叫んでいたみたいですね。

小野澤　一ファンとしては「スクラムだ!」と言う場面だし、あの状況下で結果を出した選手もすばらしい。

　でもチームのスタッフ目線だったらやっぱり僕も「ショット」と言ったかなと思います。あの時間帯でかつゴール前で、相手のフルバックも（ディフェンスラインに）上がってきていました。もちろん、向こうもプレッシャーを感じていたとは思うんですけど、勝ち点を取りに行くというところで、その選択は納得できますね。だから現場にいる指揮官として、チームをベスト8に導くという部分で、あの興奮の中で、エディーさんは冷静な判断をしているなと思いながら見ていましたね。

――そんな中で選手たちはトライを取り切って、日本代表としてワールドカップでの24年ぶりの勝利を挙げました。

小野澤　もう結果を出した場に立てていた選手に対して、「いいなぁ」という気持ち、それだけですよ。ほんと（笑）。

サントリー時代からの信頼関係

――エディーJAPANでは最初の2年間、プレーしました。

小野澤　この2年間、僕は僕でいろいろ大変でしたね。サントリー監督時代の最後のほうで、エディーに「日本代表の監督やるんだ。呼ぼうと思うんだけど、どう?」と言われたので、「あ、ハッピーです」と2本、親指立てて話は終わりましたけど……ああ、休みがなくなるなと思いました（笑）。一緒にやっていた期間も長いし、エディーが何を求めているかもわかるので「最初から全力で来い」ということだろうなと理解しました。「はい、エディーさんこれでしょ? そのために僕、いるんでしょ?」みたいな感じでした。

――言わなくても、それを感じていたということですね。

小野澤　そうですね。もう年も年なので、プレーだけではないところでの必要性を感じていると思っていました。明確な指示はもちろんありませんが、実際、サントリー時代に、ジョージ（・グレーガン）さんとか献身的な態度の選手を見てきましたので。

――チーム作りにおいて、エディー・ジョーンズHCはサントリーと日本代表とで変えていた部分や、逆に同じことをやっていた部分はありましたか。

小野澤　だいたい同じでしたが、サントリー時代のほうがもっとやることを決めてきたかなぁ。ジャパンでは、結構、選手の意見を聞こうという姿勢があったかもしれません。もちろん根幹の部分はばっちりと決めていました。エディーは決めるのが仕事の人なので、決めればいいんです。そういう感じです。

――エディーJAPANのキャプテンは廣瀬選手が就任しました。

小野澤　トシ（廣瀬俊朗）は、すごくいい人。自分の意見を言うだけでなく、相手の話をよく聞いてくれますから。最初のチームの文化を作るという部分で、そういう彼の良さを評価して、エディーはキャプテンに選んだなと思いました。上手ですよ。

――小野澤選手の話に戻しますと、エディーJAPAN1年目の春はあまり調子が上がりませんでしたが、秋の欧州遠征ではある程度の結果を出しました。

小野澤　ジョージア戦、ルーマニア戦と行きましたね。チームのやりたいことが徐々にできてきた時だったと思いますよ。特にアタックするという意思がこの頃から出てきたんじゃないですかね。春は「アタックしていいの?」と迷っていた感じがありましたが、秋は「アタックする」という意識へ変化していました。

――小野澤選手もジョージア戦では自陣からゲインをしたり、チームを引っ張っていました。

小野澤　はい。アタックをする選択を常に選ぶ、そういう意思表示は見せていきましたね。

――エディー・ジョーンズHCの下でプレーをするには心身ともにタフさが求められます。

小野澤　サントリー時代から、エディーのハードワークに対してはハードワークで応えたいと思っていました。立場は違っていていいんですよ。立場が違わないと物事は決まらないじゃないですか。声が大きいやつが一番発言力があるわけではなく、決める人が決めるんだし、（エディーが）決めたことに対してしっかりした準備をするというハードワークをしてくれるのであれば、選手としてハードワークで応えればいいんです。立場は違うんですけど、こういったフェアな関係性でいたいなっていう感じですね。

――試合に出場した中で一番印象に残っていたり、ターニングポイントになったと感じた試合はありますか?

小野澤　僕が試合に出なくなってから変わったように感じます。やっぱり、ウェールズ代表との第2戦でしょう。そこで勝ったからチームとしてうまくいったんじゃないでしょうか。

エディー・ジョーンズHCの「決定力」の高さ

――改めて小野澤選手から見て、エディー・ジョーンズHCのすごさとはどこにありますか?

小野澤　決める能力が高いんです。（現サントリーヘッドコーチの沢木）敬介さんとかもそうなんですが、決める能力が高ければ選手が迷わないし、やるべきことが明確化されます。すべてのプレーに一長一短はあるし、選手の体は個々で違います。だからこそ決めることが大事なのかなと思います。もちろん、どういうラグビーをするか決めないといけないですが、その目標設定が上手なんじゃないでしょうか。

――やはり、ここは触れざるを得ないですが、そんなエディー・ジョーンズHCに2014年春、日本代表から外された時の心境は?

小野澤　まあ、エディーが決めたんならしょうがないか、みたいな感じですね。僕に人事権はないですから（笑）。JK（ジョン・カーワン）JAPANの時、僕は結構、微妙な立ち位置にいました。2007年のフランス大会の時に、JKに「お前の課題は年齢とサイズだ」と言われました。年齢とサイズって言われちゃうと、もう身長は伸びないし、1日1日、年を取ったなと思いながら生きていたので、ニュージーランド大会までの4年間はしんどかった。でも、その期間での国内や日本代表での経験はすごくプラスにはなっていました。

それでも、2011年大会の直前にエディーさんに相談したんです。「今すごく不安でしょうがない」と言ったら、「試合に出られればもちろんいいけど、出るか出ないかは選手が決めることじゃないから、そこで悩んでいてもしょうがない。選手はいつもいい準備をして、いいプレーするのが一番大事ね」と。ああそうだなと思いましたね。自分のことを自己完結できるようにしっかり準備して、それで指揮官が迷うぐらいのカードの1枚になっていればいいだけの話です。選手を使うか使わないかは、人事権を持っている人が決めればいいんです。だから、日本代表へ呼ばれなくなったら、もういいってことかな、ぐらいの感じでした。

――小野澤選手はエディー・ジョーンズHCと、サントリーでも日本代表でも一緒に時を過ごしました。今から思うとどんな時間でしたか？

小野澤　どんなだろうな……もう普通すぎて（笑）。日本代表ではびっくりしたことはなかったですね。エディーならこういう準備はするだろうなということがわかっていましたから。ただ、やはりエディーさんの下でプレーするには、それ相応の覚悟が必要だということは間違いありませんね。

写真：斉藤健仁

INTERVIEW

南アフリカ戦の最後、メンバーは指示を聞かなかった でもエディーは、その瞬間を待っていたんじゃないかな

佐々木隆道

日野自動車レッドドルフィンズ

啓光学園高校、早稲田大学からサントリーを経て、2016年に日野自動車に移籍。高校では全国優勝、日本選手権では早大の主将としてトヨタ自動車から金星を挙げる。2007年ワールドカップに出場。

納得いかないことは、しっかり話す

――サントリーでもエディー・ジョーンズHCの薫陶を受けて、エディーJAPAN1年目は副将にも任命されていました。2015年ワールドカップの日本代表の戦いぶりを見て、どう感じましたか？

佐々木　選手選考を含めて日本代表はすごくいい準備をして、ワールドカップという24年間勝てなかった舞台で、しっかり結果を残したというのは、日本のラグビー選手として誇りに思いました。南アフリカに勝った時はほんと信じられない気持ちでした。2019年に日本で開催されるワールドカップに向けても、とてもいい大会でした。

――南アフリカに勝つと思っていましたか？

佐々木　思っていませんでしたね（苦笑）。（南アフリカに勝利できたのは）選手選考の時点で間違いがなかった。そして試合に向けて最高のパフォーマンスを出すようにもっていたスタッフ、それを達成した選手たちが、いい準備をして結果につながったのでしょう。選手選考に関しては、フィジカルで戦えるメンバーを選んだと思います。特にFWに関しては、セットプレーとブレイクダウンで活躍できる選手が選出されていましたね。

――エディー・ジョーンズHCは、初戦の南アフリカ戦を捨てずに、勝ちにいきました。

佐々木　さすがというか……僕は選ばれなかった立場なので、なんで自分は入れないのかな、という目線で試合を見ていました。でも納得しましたね。やっぱり、フィジカルレベルで日本代表のバックローの選手たちは、南アフリカ代表相手にも互角以上に戦っていました。そういうパフォーマンスを求めていたエディーにピックアップされなかったというのは、妥当だなと感じました。

――エディー・ジョーンズHCと付き合いの長い佐々木選手ですが、選手たちは練習だけでなく、メンタル的にも大変だったよう

です。

佐々木　でしょうね。僕もそれを経験した一人ですから。最初は、わけわからんな、と思うでしょうね。納得いかない点があれば、自分からしっかり話すことですね。日本人の多くは、頭の中に〝ハテナ〟マークが点灯しても、何もコミュニケーションを取りにいかない。僕も最初はそうで、「なんで、こんなに言われないとあかんかな」とか思っていましたし、僕の場合は、プレーと関係ないところでも、エディーが僕の名前を叫んでいましたからね（笑）。

でも今振り返れば、それですら、ちゃんとコミュニケーションを取ればよかったなと思います。意図をちゃんと知るべきというか……エディーは聞けば、「こういう意図を持って（自分に）厳しくしている」とか話してくれるので、自分の思いを伝えるというのは大事なことです。

――それが嫌だったという人もいたのではないでしょうか？

佐々木　サントリーの時からそうでしたが、エディーは期待しないと言わないでしょうから。その辺りは、はっきりしていましたよ。エディーの中で、就任当初から『こうやって勝つという絵を描けているから、こういう選手じゃないと使えない』というのをわかっている。あの人はすべて意図をもってやります。いい監督、コーチの共通点ですよね。

僕がサントリーのランニングラグビーと、インターナショナルレベルでのフィジカルラグビーと、その間で苦しんでいる時に、エディーに「国内で勝つのと世界で勝つのは全然違うよ。もっとフィジカルをつけろ」と言われました。でも「フィジカルをつけすぎたら、サントリーで動けなくなる」みたいなことを僕が言うと、「いや、違うんだ。強くなることで、サントリーにも必ずプラスになるから、信じてやりなさい」と言われていましたね。

――当初、かなり期待はされていましたよね。しかし、エディー・ジョーンズHCが就任時は副将でしたが、秋の遠征メンバーから代表には選出されませんでした。

佐々木　最初は、薫田（真広）さんがアシスタントコーチだったので、薫田さんとしっかりコミュニケーションを取って、廣瀬（俊朗）と五郎丸（歩）といいチームを作ろう、みたいな話をしていました。2シーズン目、ジュニアジャパンでアピールして、もう一度、日本代表に……という話でした。いいアピールもできましたが、練習中にケガしてしまった。左の股関節を痛めてしまって、そのケガが結構重くて……復帰までに少し時間がかかってしまいましたね。

――その後、佐々木選手は、トップリーグでアピールして、再び日本代表に復帰を狙っていましたよね？

佐々木　日本代表に選出されなくなっても、2014年まではいいプレーをした時に、エディーに「ここは良くなってきた」とか、忘れた頃にメールが来ました。まだ僕はエディーに見られているんだなって思いました。形にはできなかったですけど、努力はしていましたね。

結果的に選ばれず、悔しいというか、届かなかった、という感じですね。もちろん、選手なので、あの舞台に立ちたかったですね。ブレイクダウンのスキルに関しても、あと1年、もし早かったらなと思います。僕に関しては、ワールドカップ終了後に沢木さんが日本代表からサントリーに戻ってきてくれたのが大きかったです。「このタイミングではなく、こっちでいいじゃん」と今まで気づかなかったことをポロッと言ってくれて、急に視界が開けたというか、コツを掴めました。

最後は選手が自立できるように仕向けた

――南アフリカ戦の最後、エディー・ジョーンズHCの指示を聞かずに、リーチ主将がスクラムを選択しました。

佐々木 当事者ではないから断言できませんが、エディーが最後は選手が自立できるように仕向けたんだと思います。それまでの3年半で土台を作り、最後に自主性が生まれてきた。

でも、その自主性が芽生えたということが、一番大きかったと思います。今までは、選手たちは「エディーさん、どうしたらいいですか?」みたいな感じでした。

しかしスーパーラグビーで田中(史朗)とか堀江(翔太)とか、リーチがコンスタントに試合に出るようになって、彼らが新しい考え方を日本代表に落とし込んだ。周りのみんなも変わるでしょうし、自然発生的にそうなったと思いますが、逆に言えば、それをエディーは、待っていたんじゃないですかね。

――何が良かったからエディーJAPANは結果を出せたと思いますか。

佐々木 エディーの指導方針がブレなかったところだと思います。最初からフィジカルを強化して、南アフリカ戦に向けて、誰をどうやって使って戦うのかというのを全部決めながら、イメージどおりに進んだんじゃないでしょうか。その中で、スクラムやラインアウトをより強化するためにコーチを招聘した。まさにエディーの色が出た4年間ですよね。

――最初のプランニングが大事だったというわけですね。

佐々木 日本代表が世界で勝つためには、こうしたラグビーで勝とうという軸と、これでやろうという信念をもってやらないといけない。それらがないままやってもしょうがないと思います。

もちろん日本代表とサントリーは一緒ではないですが、体格で劣る日本代表を、フィジカルで世界としっかり対抗できるレベルまでもっていって、その上で世界を驚かせるようなアタックをしようと掲げていました。エディーはそういう絵が描けているからこそ、アタックの起点となるスクラムとラインアウトを武器として、どこからでも攻めていく意思を持たせた。それから、うまくキックを使って、というようにどんどん枝葉に分かれていったのだと思います。

――エディー・ジョーンズHCがうまくプランニングして結果を出しましたが、次のヘッドコーチ(ジェイミー・ジョセフ氏が内定)に受け継いでほしいものは何でしょうか?

佐々木 世界基準の準備をして、本番で結果を出すというところですね。スポーツはすべて結果です。準備がよくても負けてしまったら、その準備は世界基準ではなかった、という判断になると思います。今回エディーもワールドカップで3勝しましたけど、もし勝てていなかったら、みんなはあれだけ準備してもあかん、という思いになったのでは……。ただ、ワールドカップでは簡単に勝てるわけはないので、いい準備をし続けるというのは大切です。サンウルブズというスーパーラグビーのチームもあるので、うまく使いながら、いい経験を積んでほしい。

――２０１５年のワールドカップでは、日本のポテンシャルを見せることができました。

佐々木　日本代表は普通に、世界の強豪相手に競ることができるようになった。大負けもしませんでした。いい準備をすれば、トップリーグで活躍する選手にもチャンスがあると思います。トップリーグの中でも、自分も世界で戦いたいという基準を持ちながら、トレーニングするということをスタンダードにしたいですね。

２０１５年ワールドカップで、日本ラグビーの可能性をみんなに発信できたので、この熱を逃さず、さらに熱いものにしていきたい、というのがラグビー関係者みんなの思いだと思います。

写真：斉藤健仁

本気の南アフリカ代表に勝てたのはワールドカップ初勝利よりもうれしい

大野均

東芝ブレイブルーパス

清陵情報高校、日本大学から東芝へ。大学入学時からラグビーを始めた。2007年、2011年、2015年のワールドカップに出場、日本代表キャップは96で歴代トップ（2015年10月現在）。

エディーさんの期待を裏切りたくない

——この4年間で、一番自信のついた試合はどれでしょうか？

大野　自分が日本代表になってから3回目のウェールズ戦ですかね。過去2試合が100点、70点と大量点を取られていたので、たとえ相手が若手中心の1・5軍と言われていたとしても、接戦に持ち込めたことは、自信になりました。

——エディーJAPAN以前の日本代表は、後半20分からが弱かったです。ウェールズ戦はなぜ対等に戦えたのでしょう？

大野　ずっとハードワークをこなしてきたので、疲れた時間帯になっても体が勝手に動いてくれました。ウェールズ代表に勝った試合は、小さなミスがなかったと思うんです。（以前の日本代表は）強豪相手にちょっとしたミスをして、そこからトライを取られ、自信をどんどん失い、集中力が切れて大差になる……という感じでした。そういうパターンがなくなりましたね。ティア1と試合をしたのは、この時が初めてだったと思いますが、エディーさんのラグビーをやれば世界で勝てると実感できたことが大きかったですね。試合中、菊ちゃん（NO8・菊谷崇）と「（練習より）試合のほうが楽だよね」と話していました。実際、後半20分過ぎのスクラムの時に菊ちゃんが「練習のほうがきついだろう？」と問いかけると、みんな「確かにそうだ」と言っていたくらいですから。

——エディーJAPANの始動当初は、どういう気持ちで練習や試合に取り組んでいましたか？

大野　「いつ外されてもおかしくない」と思っていました。エディーは「（当初は）自分をワールドカップには連れて行かない」と思っていたようですが（笑）、それでも行けるところまで食らいつこうと。年齢のこともあったので、パフォーマンスが落ちたと思われたくない、期待を裏切りたくないという気持ちでしたね。

**——3年目となった2014年の試合では、伊藤鐘史選手がスタ

メンで、大野選手は控えに回ることも多かったですね。

大野　連戦が続いてスピードが落ちていたこともありますが、自分が監督だったとしても、鐘史が元気なら鐘史を使いますよね。自分はリザーブに下がっただけでしたが、代表から外されていく選手もたくさん見てきました。本人は一生懸命やっているつもりでも、ほんのちょっとしたところで運命が分かれます。日本代表とはそういう場所だし、自分もいつまでもいられるところではないとずっと感じていました。

――だからこそ、大野選手は東芝でも日本代表でも毎セッション、全力でやっているのですね。

大野　大学からラグビーを始めて、東芝に入って日本代表になれたことが奇跡みたいなものです。東芝に入った時に、自分が一番下手なのは周りから見ても明らかでした。ここで生き残るにはどうしたらいいかと考えた結果、練習から100%を出さないとついていけない、と。それが今でも続いているのだと思います。パスやキックが武器にならない自分がチームに貢献できるのは、努力とワークレートしかない。倒れてまた起きて走って……やることはシンプルだったので、それを突き詰めていたら、東芝でも代表でも監督が必要としてくれたのだと思います。もし、LOにもキックやパスのスキルを求める監督だったら、自分は選ばれていないですね（苦笑）。

――畠山健介選手は、エディー・ジョーンズHCの厳しい練習を、少し経ったらまたやりたくなるかも、ということを言っていました。

大野　どうですかね（苦笑）。次の日本代表が始動して、あのハードワークに立ち戻ろうということもあるかもしれません。ただ、日本代表はあれくらいの練習ありきで、さらに積み重ねていかないと、今回のワールドカップ以上の結果はないのかなと感じます。

――エディー・ジョーンズHCに不満はなかったのでしょうか？

大野　練習がきつい、スケジューリングが理不尽だなと思ったことはありますけど、「歴史を変える」と言っていたし、みんなもそこに向かっていたので、不満はなかったですよ。歴史を変えるためにはこのくらいやらないと、それこそ毎セッション、毎セッション、死ぬ思いでやらないと無理かなと、自分はどこかで考えてやっていました。

――そう思えたのは、2011年を経験しているからですか？

大野　そうですね。JK（ジョン・カーワン）JAPANの練習もきつかったんですけど、結局1回も勝てずに終わったので、あれ以上のことをやらないといけないと思ったのは、前回のワールドカップを経験していたからこそでした。

――2015年に入って、このチームなら勝てると思ったのはいつ頃からでしょうか？

大野　勝つ自信は正直なかったんですけど（苦笑）。ある程度、やれるなと思ったのは、7月のPNC（パシフィックネーションズ・カップ）のカナダ戦でしたね。試合早々、SO立川（理道）がケガをして、廣瀬（俊朗）に交代しました。不測の事態でも、代わりの選手がしっかりプレーをして結果を残すことができた。層の厚さが出てきましたよね。ワールドカップで勝つというのはまた別ですが、手応えを感じることはできました。

——9月、大会直前、ジョージア代表に勝利しました。

大野　1年前にスクラムで粉砕されたジョージア代表に対して、自分はやはり思い入れがあって、ヘッドキャップを被って出場しました。ジョージア代表はスクラムだけでなくモールも強い。モールを崩すには、一番前にいる選手が頭を突っ込むしかないと。そのFW戦で互角にやりあって勝てたのは、本当に大きな自信になりましたし、やってきたことは間違いないと確信しました。

——南アフリカ代表と戦ったブライトンに入ってから、練習は集中力が増したように見えました。

大野　もちろんそうですね！　歓迎を受けましたし、イングランド中がワールドカップに向けての盛り上がりを見せていたので、否が応でもワールドカップに来たなと実感しました。

——PNCで田中選手が活を入れたり、エディー・ジョーンズHCがワールドカップ後、日本代表のヘッドコーチを辞めると発表したことも大きかったのでしょうか。

大野　ワールドカップはエディーと戦う最後の大会なので、いい結果を残してほしいという気持ちはありました。フミがいろいろ言うのはお決まりというか……（笑）。チームは引き締まったので、いい方向に作用してくれて良かったです。

4試合を通して、いくつも戦い方を準備できた

——南アフリカ代表に勝利できたのは4年間で積み上げたことが大きかったのでしょうか？

大野　それはあると思います。前回の日本代表と違うのは、4試合を通して戦い方を何個も用意できた。それも高いレベルで遂行できたということです。「南アフリカ代表とスコットランド代表に対してはアンストラクチャー、アメリカ代表とサモア代表に対してはストラクチャーを使ったラグビーをする」。口で言うのは簡単ですが、それを選手たちにどう浸透させて、切り替えさせるかというのは難しいと思います。エディーはこれを4年前からずっと実践してきたんだと、ワールドカップの時にやっと理解できました。本当の意味で高いレベルでやり切るのは難しいし、体に染み込ませないといけない。それをやり切らせるだけの力が、彼にはありました。

——JP（ジョン・プライヤー）のトレーニングも有効だったのではないでしょうか。

大野　JPのストレングス強化と、スピードトレーニングもしました。FWとしては、セットプレーが強くなったことが一番でした。スクラムを押されてしまうとチームの士気に関わるし、今度はBKもミスは許されないと自分たちにプレッシャーをかけてしまいます。今回のワールドカップはスクラムで対抗できたので、BKも思い切ったプレーができていました。ラインアウトの確率も高かったし、南アフリカ代表とスコットランド代表にはセットプレーを使わせないようにプレーする、と。いざ、相手のセットプレーになった時も、日本代表がしっかり対抗できました。

——ラインアウトの上げ方一つでもすごく工夫しているように見

えました。南アフリカ代表戦の前半のFLリーチ マイケル選手のトライと、後半のFB五郎丸歩選手のトライに結びついたラインアウトだけ、LOトンプソン ルーク選手が取っていました。

大野　ワールドカップでも全部（FWコーチのスティーブ・ボーズウィックが相手の弱点を洗い出してくれて、「この時はこのサイン」と結構シンプルに絞ってくれていました。そういうスタッフの力も大きかったですね。エディーJAPANにはスタッフが19人くらいいて、世界のどのチームよりも多かったと思うし、本当にみんながハードワークしていて、そういう意味ではスタッフも含めた「チームJAPAN」で勝ち取った3勝だと思います。

――どの瞬間で「やれるな」「勝った」と思ったのでしょうか？

大野　〝勝ったな〟と思ったのは最後のトライでした。それまで本当にわかりませんでした。これはもしかしたらいけるかもしれないと思ったのは、後半30分過ぎ、南アフリカ代表がショット（PG）を選んでくれたシーンです。そのおかげで、日本代表が主導権を握っていると感じることができました。チーム全員、互角にやれていると。今回、〝本気の〟南アフリカ代表に勝てたのは、ワールドカップでの初勝利よりもうれしかったです。

――もう一度、ワールドカップに出たいですか？　トンプソン選手は「キンチャンならもう1回、できる」と言っていました。

大野　どうですかね（苦笑）。サンウルブズでスーパーラグビーを頑張って、東芝でトップリーグも頑張って、それでも日本代表に選ばれたら考えます。その繰り返しですね。たとえ試合に出られなくても、メンバーとして代表チームにいられるのが現役として最高のポジションだと思います。試合に出られたら尚更です。

――改めてこの4年間を振り返ると？

大野　終わり良ければすべて良し、じゃないですかね（笑）。散々な結果だったらどうしようと思いました。4年間ハードワークしてきて、相手の分析もしっかりしたのに、何十点差もつけられて負けたら、もう日本ラグビーが世界で勝てる日は来ないんじゃないかって……。それだけのことをやってきた自負がありましたし、この4年間をもう1回やれと言われたらきついっていうか……。

――2015年、ワールドカップで一番楽しかった瞬間は？

大野　自分は南アフリカ戦とサモア戦しか出ていないですが、サモア戦の前半ですかね。最後に山田（章仁）がトライを取る前に、左の太ももを肉離れしちゃって、でもピッチにいる以上は最後まで、肉離れを悪化させてもいいから、ラグビー人生が終わってもいいから走り続けようと思いました。その数分間は、自分の中で吹っ切れた気持ちがあって楽しかったかもしれません。

――あと4キャップで日本代表100キャップです。2019年、エディー・ジョーンズHC率いるイングランド代表と対戦したいですか？

大野　100キャップに関しては引退した時に、そういうのがついてくれればいいですね。ワールドカップでは、エディー率いるイングランド代表と試合がしてみたいですね！

勝つというビジョンに向けてエディーは本当に細かいディテールまで決めていた

小野晃征

サントリーサンゴリアス

愛知で生まれ、NZ育ち。2007年日本代表スコッド入り、福岡サニックスブルースへ入団。同年ワールドカップ初戦でジャパン初得点PGを決める。2012年、サントリーへ移籍。

結果を出すための明確なプランニング

――2015年ワールドカップにおいて先発出場した3試合では、すべて司令塔であるSOとして日本代表を勝利に導きました。

小野　結果はそうでしたね。自分が出た3試合ともゲームの運び方は違いました。キックが多い試合、ランの多い試合、パスが多い試合……結果論かもしれないですが、戦い方を変えて挑んだからこそ、チームを動かせたかなと思います。でも、決して（試合に出なかった）スコットランド戦も悪い試合はしていませんでした。

――勝利した3試合は、小野選手がキックやランでチームを前に出したからこそ、アタックにリズムが出たと思います。エディー・ジョーンズHCにずっと「浅く立て」と言われていましたね。

小野　特別なことはしていません。自分のスキルとサイズには限界がありますが、その中で、一つの判断がどれだけチームに影響を及ぼすのかを考えながら、精いっぱい頑張っているだけでした。特にサモア戦はシンプルにボールが出てきたら、前に立つよう意識していましたね。基本的に、深いところでボールをもらい判断に迷って後ろで捕まるよりは、エディーからは「前で、前で」と言われていましたね。

――初戦の南アフリカ戦もSOとしての役割を果たしました。

小野　この試合に関しては、エディーが思っているすべてのことが自分の頭に入っていたと思います。自分とハル（CTB立川理道）がゲームプランや、やりたいことを理解していましたね。

エディーから状況ごとに「何をしたいか、どうやって動かしたいか」を指示されていたこともありますが、スプリングボクスに対して、プランは結構明確だったと思います。ボールを動かす中、キックを蹴って、スペースにボールを運ぶ。キック、ラン、パス。とにかくスペースがあったら蹴る。そういうプランでした。

――この4年間で結果が出た最大の要因は何だと考えますか。

小野　常にずっと「ジャパンウェイ」で戦い続ける中で、いろんなプランを持ちながら、ワールドカップ初戦の9月19日に合わせられたからだと思います。例えば2014年11月のマオリ・オールブラックスとの1戦目は〝自陣から攻める〟とか、（7月から8月にかけて北米で行われた）PNC（パシフィックネーションズ・カップ）のフィジー戦は〝ピック&ゴーを多用する〟とか、内容をすごく重視していた。もちろん結果にもこだわっていましたが、9月19日にどう戦うかを常にしっかり頭に入れながら積み重ねてきたのが日本代表のラグビーでした。4年間研究していろんなものを試し、積み重ねてきて、最後はクリアに戦えました。

――エディー・ジョーンズHCは、最後の1年くらいは戦術の柔軟性を身に付けてほしいとも言っていました。

小野　もちろんプランはありますが、実際に戦った時に、目の前にあることに対してフレキシブルになれるかが大事で、そういう意味で、ピッチに立った15人が、いろんな経験をしてきたことを（戦術の）柔軟性につなげられたのだと思います。

――それでは、ワールドカップ以外で一番、印象深かった試合は？

小野　まずは自分が試合に出場していませんでしたが、2013年6月にウェールズ戦で勝ったのはうれしかったですし、チームとして大きかった。個人的に自信になったのは、マオリ・オールブラックスとの2試合目ですかね。自分の中でも、ゲーム運びがちょっとできたかなと思います。この試合くらいから、考え方を少し変えて、（アタック・）シェイプに固執していた部分が、スペースにもこだわるようになっていきました。

シェイプで9番から誰を立たせてとか、誰がどうすればいいラグビーができるのかと考えていたのですが、まずそこではなくて、どこにスペースがあってどうやってボールを運ぶかという考え方に転換できたことで、いいラグビーができるようになったと思います。エディーに自分からは何も言いませんでしたが、あくまでもシェイプというのは、試合をオーガナイズする方法の一つです。結局、日本代表が大きな相手に勝つためには、ボールを動かさないといけなくて、どこに動かすかと言えば、スペースです。そういう考え方を持ち始めたのがマオリ・オールブラックス戦の2戦目くらいからでしたね。

――マオリ・オールブラックスの1戦目までシェイプにこだわり続けていましたね。

小野　そうですね。ハードワークと誰よりも頑張るという気持ちをしっかり全員に浸透させながら、1～2年目はシェイプを作って走らせるというエディーのもともとの戦い方をやっていた。それだけでは勝てないという中で、2014年から戦術や組み立てをちょっとずつ変えていった。スペースを突くというラグビーのほうが楽というか、意識を変えるだけでゲインラインを取りやすくなって、ゲインラインを切ることができれば、時間にも余裕ができる、という繰り返しです。

――ニュージーランド育ちの小野選手はエディー・ジョーンズHCに直接、英語で言われて大変だったのではないでしょうか？

小野　ストレートに言われるのできつかったですね。「そこも言う!?」といったこともいっぱいありました。もちろん、プレッシャーもかけられてきましたが、それはどの選手も２０１２年の最初からそうでした。エディーはテストマッチではプレッシャーがかかるから、練習中からも無理矢理、そういう環境を作って、選手を安心して練習させないようにしていました。安心してテストマッチはできないですし、ラグビーはそんな簡単な競技ではないということを練習から染みつけさせるという感じでしたね。

指導者としてのエディー・ジョーンズ

――小野選手にとってエディー・ジョーンズHCはどんな指導者でしたか？

小野　すべてを、勝つために決める人ですね。周りの人に理解されない時もあると思いますが、エディーにはきっとゴールのビジョンが見えているんですよ。選手、スタッフ、メディア、ラグビー協会に対して、最初から情報を与えない。少しずつ変えていく中で、自分の中のゴールに近づけていくのがエディーのスタイルだと思います。ワールドカップ前の記者会見でも、エディーはもう〝勝ち〟しか考えていなかったんですよ。予選プールで4勝、準々決勝、準決勝と。そうはならなかったけど、ゴールに対して、エディーは4年間のプランニングを立てて、本当に細かいディテールまで決めていましたね。

――２０１２年の就任当初から10番と12番は小野選手と立川理道、田村優で行くと言い続けて、最後まで変えませんでした。

小野　そんなことを言っていたんですか！　10番はその3人とトシさん（廣瀬俊朗）しか出ていませんね。世界のトップチームを見ていても、4年間ブレないので、こういったことはチームにとってすごく大事だと思います。

ＳＯを日本人にして、日本人選手がしっかりチームを動かした上で、インパクトを外国出身の選手に与えてもらって、ジャパンウェイをやる、というエディーのビジョンがあったのではないでしょうか。おそらくそれまでの指導者が、外国人選手を10番に据えても代表の結果がついてこないという部分も分析していたと思います。

――最後のほうは、チームミーティングが増えました。その効果もありましたか？

小野　２０１5年は確かにミーティングが増えましたね。選手たちが固まって、お互いに意見を言える環境が徐々に作れてきました。またエディーの考えているラグビーに対して全員が意思統一して、コミュニケーションを取る中で、コーチに言われるだけではなく、選手の中で修正できるようになったかなと思います。エディーがそうさせた部分もあるし、リーダーシップグループがチームを引っ張れるようになって、そうできるようになった部分もありますね。特に31名のワールドカップメンバー発表後、チームのまとまり方はすごかったです。リーチ中心のチームで良かった。

――2度目のワールドカップ、楽しかったですか？

小野　楽しくはなかったですね（苦笑）。結果だけ見たら、そう思われるのか、よく同じ質問をされるんですよね。試合と試合の間のトレーニングも厳しかったですし、大会までの準備は大変でした。でも今、振り返ったら、試合は楽しかったですね！　ワールドカップで、一番、今までやってきたことをみんなに見せられたことがうれしかった。

また、自分は、勝った後の試合後のロッカールームでの時間が一番好きなので、ワールドカップでもそういった時間を経験できたのが幸せでした。試合以外はしんどかったけど、結果がついてきて良かったなという気持ちだけですね。

——そういえば、南アフリカ戦の前日練習でもエディー・ジョーンズHCに怒られていましたね。

小野　エディーはキャプテンズランを選手たちに任せると言っていたんです。その週は練習を結構していたので選手たちがもっと強度を落として練習しようと言っていた時に、エディーが俺とリーチに英語で「もっとスピードを上げろ！」と怒り出した。他の選手はなんで怒られているの？　という感じでしたが、最後までエディーは、選手が決めたやり方に変えなかった。本当に最後まで、「エディー・イズ・エディー」でした。

きっとイングランド代表のヘッドコーチになっても同じだと思いますよ。エディーはああいった性格なので、イングランド協会にも楽にさせないでしょう。今まで通りだったら、今まで通りの結果になるから、いろんなことを変えていくと思います。日本代表同様に、イングランド代表に対しても、２０１９年、日本のワールドカップでの優勝の舞台に立っているイメージをしながら、その日まで戦い方を考えてプランニングしているはずです。

——ニュージーランドの友人にもワールドカップでの活躍を見てもらったのですか？

小野　そうですね。みんな驚いていますね。それまで結果を出した試合は日本国内での試合が多くて、海外では驚かせる結果を残すことができなかった。２０１２年の秋、ルーマニア代表やジョージア代表に勝ったのは、日本ラグビーの歴史の中では大きかったですが、海外から見るとそうでもない。やはり、ワールドカップの舞台で勝てたことで、日本ラグビーが甘く見られなくなりましたし、ラグビーを本気でやっている国だということを見せられたと思います。結果を出さなくなると注目されなくなるので、やはり、２０１９年のワールドカップが大事ですね。

——２０１９年のワールドカップにも出場したいですか？

小野　日本での大会ですし、体が動いて、家族やファンの目の前でプレーするチャンスがあれば……。ただ、トップリーグだけでなく日本代表の試合に出たり遠征に出かけたりすることは、自分だけじゃなく、家族にも負担がかかってしまうし、周りの人に協力してもらわないといけない。だから、そういったことを含めて、自分の中でもう一回、ターゲットを決めたいと思っています。２０１５年のワールドカップで一つの目標が達成できましたが、今後も自分のラグビー、スタンダードを下げないようにやっていきます。

INTERVIEW

勝ったから特別というものではなくワールドカップが「特別な場所」

畠山健介

サントリーサンゴリアス

仙台育英高、早稲田大学を経て、サントリーへ。2011年のワールドカップ全4試合出場に続き、2015年ワールドカップでも全4試合に出場。2016年、ニューカッスル・ファルコンズ(イングランド)でもプレーした。

チームを支えた2人のコーチの存在

――この4年間で、ワールドカップ以外で一番印象的な試合は?

畠山 覚えているという意味で言うと2012年のルーマニア戦とジョージア戦です。この年の6月にフレンチバーバリアンズ戦でもスクラムを押されたりもしていますが、この2つのテストマッチでは対策を練って戦ったのに、まったく通用しなかったというショックが大きかった。ターニングポイントになったとは思わないですが、自分の中では印象が深いです。

この試合を経験して「背筋をつけろ」とエディーに言われましたけど、まず強いスクラムを8人で組めるようにならないといけないというのが大きな目標になりました。この試合がFWにとってスクラムを強くしようとするきっかけになりましたね。

――2012年頃は3番だけでなく1番でも試合に出場していました。

畠山 本当に2012年は、畠山が1番できるのかということも含めて人材発掘をはじめ、スクラムがどれだけ組めるのかなど、エディーはいろんな可能性を探っていた時期だと思います。

――2012年の秋からマルク・ダルマゾがスクラムのスポットコーチ（2014年からコーチ）、日本代表のスクラムは徐々に強くなり、2014年の秋には再び、ルーマニア代表とジョージア代表と戦いました。

畠山 この2試合でどれくらいスクラムが組めるようになったか確認するという感じでした。スクラムのルールも変わっていましたし、単純な比較は難しいですが、ルーマニア代表には組めていた印象の後に、ジョージア代表には通じなかった。まだまだ厳しいなと感じたし、できている部分ともっとやらないといけない部分が確認できた試合となりました。

――2013年の途中からスクラムのルールが変わったのが大きかったですか?

畠山　日本代表にとってポジティブなものでした。他国に比べると、体が小さいこともあり、早い段階でなるべくプレッシャーをかけられるように、8人がまとまって組むという練習をずっと突き詰めていて、それがルール変更と相まって良くなっていった。あとは年を重ねるごとに、選手の経験値もどんどん上がってきた。とりわけＨＯ堀江（翔太）がかなり伸びたと思います。

――ダルマゾコーチがいて、一番良かった点は何でしょうか？

畠山　スクラムはこれがＯＫ、これがダメという線引きが難しいのですが、そういうのを明確に言ってくれました。スクラムは試合に勝つには外せない部分です。選手から意見も出しつつ、彼の経験に沿ってトレーニングをしていました。そういうコーチがいるかいないかは、ワールドカップの成果を見れば明らかだと思います。コーチだけでなく、選手個々のキャリアがパフォーマンスを含めて伸びていき、互いの相乗効果でまとまったというイメージですね。

――ＦＷコーチのスティーブ・ボーズウィック（現・イングランド代表ＦＷコーチ）の働きはどうでしたか？

畠山　マルクもそうですが、スティーブの貢献もかなり大きかったです。現役を辞めたばかりでまだ若いですが、彼ほど優秀なコーチに出会うことは、滅多にありません。ヨーロッパの事情にも詳しかったですね。

　特にラインアウトでやることが明確で、どうして、そのプレーをやるのかという説明を難しいはずの日本語でしてくれて、端的でわかりやすかった。何より日本代表のＦＷは身長がそんなに高くないから、テンポでボールを取っていくというスタイルを理解した上でしっかりと練習し、試合で実際に使えるところまで結びつけてくれました。

　プレー面だけでなくメンタル面でも支えてくれました。代表として国を背負う覚悟や、どういうマインドでプレーするのか、そういったところも意識させてくれました。２０１２年のルーマニア戦前に言っていたのは、「選手は自分がいつ最後の試合になるかわからない。この試合でケガをして引退するかもしれない。もしそうなった時に後悔ないようにプレーできたか自分に問いかけてほしい。後悔ないように全力でプレーしてほしい」ということでした。

　それを聞いた小野澤（宏時）さんが、「今、俺、泣きそうだ」みたいなことを言っていました。ただ僕はまだ、その言葉の意味があまりよくわからなかったんです。でも、２０１４年の秋あたりから、言っていることは、こういうことだなとイメージが湧くようになりました。一試合一試合に臨む覚悟が少しずつ変化してきたのかもしれません。

――チームから離れる時、ダルマゾコーチが「こうしたセットピースの文化を日本代表に残してほしい」と言っていました。

畠山　今後、ルール変更が行われない限り、今のメンバーがそういう文化を伝えていくことも必要です。それにスクラムやラインアウトといった、あれだけ膨大な量の練習や情報管理を一人のコーチに任せるのは負担がかなり大きいと思います。

　エディーＪＡＰＡＮでいえば、スティーブとマルクという２人のスペシャリストの存在が大きかった。その分スタッフの数も増えたり、人件費がかさばったり、いろいろな問題も出てくると思いますが、パフォーマンスを上げて勝つという意味では、こうした環境が一番ではないでしょうか。

——2015年のワールドカップでは、そのセットプレーを支える3番として4試合に出場しました。

畠山　3番というより、31人のメンバーに入れたことがうれしかったです。さらに言えば、試合に出られること自体、すごく幸運でした。国を背負って戦う覚悟を持って、恥ずかしいプレーだけはできないと思っていました。

——特に南アフリカ戦のスクラム成功率は100%で、ラインアウトの成功率も非常に高かったですね。

畠山　工夫してハードワークして、しっかり方法論さえ見つければ、マイボールは獲得できます。後は、セットプレーでボールをキープした先に、どういうプレーをするか。相手によって戦い方を変えるとか、そういうのも全部、この4年間でやってきたので、みんな体が覚えていたのでしょうね。

そういう意味では、最後のトライも判断から生まれました。決められたパターンではなく、リーチ（マイケル）が順目に走って、それに日和佐（篤）が反応して、遅れた感じでパスをして……もうみんな、体がトライを取る感覚になっていたと思います。

——どうしてワールドカップで結果を出せたと思いますか？

畠山　僕が思うに、試合よりも高い強度で練習していたからではないでしょうか。練習中は、心拍数も尋常じゃないくらいまで上がっていましたから。この1年で変わったのではなく、2013年くらいからずっとそういった練習を継続して、体がなじんできた。疲れた中での正しい判断、動きができるようにずっと繰り返してきた成果かなと。

エディーも、勝つために必要だからと、疲れた状況、プレッシャーの状況を本当に作り出すために、心を鬼にしたり、しっかり割り切ってできるあたりは、すごいですよね。選手の状態を把握して、練習をやらせたり、休ませたりという按配も上手でした。

——畠山選手は、前回のワールドカップに続いての出場でした。勝った試合のキャップの重みは違いますか。

畠山　勝ったから特別というものではなく、ワールドカップが特別な場所だと思っています。でも結果が出た大会と、出せなかった大会の両方経験してみて思うのは、やはり、すでに体格で劣る日本人が結果を出そうと思ったら、異常とか狂気みたいなものに、近づいたほうがいいのかもしれません。

——そういう意味では、2015年6月の合宿はハードでしたか？

畠山　合宿のスケジュールもかなりハードでした。エディーも（2015年の）春にお父さんが亡くなったこともあったし、もともと気性の荒い方ですから、なかなかうまくいかず、焦りみたいなものもあったと思います。

そんな狂気じみた中でも、トシさん（廣瀬俊朗）を中心に、誰一人自分から辞退することなく、最後まで40人ぐらいでずっと合宿していたのは、今思えば楽しかったなと。今思えば、ですよ！

けど……。

やっている当時は苦しくて、やりたくないって思っていましたけど……。

結果を出したのはコーチとして優秀な証拠

――サントリー時代から、付き合いも長いですが、さすがエディー・ジョーンズHCだなと思うところはどこですか？

畠山　ワールドカップでも結果を出したことですね。試合のための準備をして、周りを振り回してでも勝利したというのは、やはり、コーチとして優秀な証拠ですよね。

――ワールドカップの予選プールで3勝しましたが、決勝トーナメントに進出できませんでした。大会を終えて思うことは何ですか？

畠山　結果がすべて、ということですね。これだけハードな練習をしていても、負けたら同じようにラグビーが脚光を浴びることはない。やっぱり、勝つためには準備もチャンスも両方必要です。チャンスを掴むことができるかは、運みたいな、コントロールできない部分もあると思います。

――2019年のワールドカップは日本で開催されます。

畠山　いい意味で注目されると思うので、その中で結果が出せるかどうか、ですね。あとは、そろそろ変わらなきゃいけない部分はいっぱいあると思います。現場にいる人間だからこそ、2015年はもう終わったことですから、振り返るのではなくて、日本ラグビー協会やレフリーの方も一緒になって、2019年までどういった準備をするか考えていきたいです。

写真：斉藤健仁

エディーさんはずっと勝つように、チームを仕向けていった

山下裕史

神戸製鋼コベルコスティーラーズ

都島工業高校、京都産業大学から神戸製鋼へ。2015年日本代表に選出され、ワールドカップでは南アフリカ戦で好プレーを演じる。2016年チーフスに期限付き移籍した。

手ごたえをつかんだPNC

——2015年のワールドカップ、南アフリカ戦の後半、FB五郎丸歩選手のトライの前の起点となったラインアウトは、山下裕史選手のナイスタックルで相手が反則したことで生まれました。

山下　あれは覚えていますね！

——正直言って、南アフリカ戦はスタメンだと思っていました。先発が山下、後半から畠山（健介）という起用方法がうまくいっているように見えました。

山下　2015年は特に、7月から8月にかけて行われたPNC（パシフィックネーションズ・カップ）くらいから先発で使ってくれるようになっていたので、エディーに認められていたかな、という感じでしたね。特にセットプレーで海外の相手と戦えました。FWとしてはPNCでステップアップできて、ワールドカップ直前のジョージア戦で形になって、本番に挑むことができました。

——個人的にターニングポイントになったり、一番覚えている試合はありますか？

山下　やっぱりジョージア戦じゃないですかね。2014年秋に、ジョージア代表にボッコボコにやられて、2015年9月にリベンジできました。1年目もジョージア代表と対戦しましたが、2度目の対戦はもう衝撃的でしたね。

他は2013年6月、ウェールズ代表との第1戦目は、地元の花園ラグビー場で行ったので覚えています。あまり日本代表戦は花園での試合がなかったんですよね。2014年秋のマオリ・オールブラックス戦が神戸でしたし、2014年春のアジアパシフィックドラゴンズ戦は出ていませんし、4年間でテストマッチは1試合だけでした。知り合いに「日本代表は花園での試合が少なすぎる」とよく言われましたね。

——他にも手ごたえを感じた試合はありますか？

山下　やはり、２０１５年のＰＮＣですね。ＦＷが相手にしっかりプレッシャーをかけることができたのは大きかったですね。特に個人的に強化してきたスクラムでは、フィジーと対等に組むことができた。２０１３年６月の対戦時は完敗で、直後のウェールズ戦でもやられて、マルク（・ダルマゾ）に怒られましたね。そういう意味で言えば、２０１５年のＰＮＣでは、負けが続いたけれど惨敗はしなかった。ＦＷとしてもスクラムでプレッシャーをかけることができて、収穫は多かったですね。

――スクラムを強化するのはやはり大変でしたか？

山下　エディーの就任以降、１年目より２年目はフィジカルトレーニングをやってきたんですが、ダルマゾにぼろくそ言われたのを覚えています。２０１３年頃から、スクラムのコールが「クラウチ、バインド、セット」に変わり、低く組むことにフォーカスしてやっていました。そのまま２０１４年はいい形でやってきたのに、秋のジョージア戦で完全にやられてしまった。

ジョージア代表は８人で組む意識とパワーが、めちゃめちゃありました。相手のバックローは、日本代表のＮＯ８がサイドを少し走っても、押し続けていてディフェンスにいかないですからね。また体もごつい。ただ日本に戻ってきてから、木津（武士）と話していました。「海外の選手は、僕らと同じくらいのサイズでも、そこまで低くならないので、僕らが低くなれば押されない」と。日本に戻ってくると逆に、僕らより小さい人が多いので、慣れるのがしんどかったですけどね。

かつてないＦＷ、スクラムの完成形

――個々のフィジカルを上げつつ、８人で組む意識を徐々に高めていったわけですね。

山下　なかなかしんどかったです。その成果が、ワールドカップ直前のジョージア戦で出ましたよね。グロスターでのジョージア代表のファーストスクラムは相手ボールだった。きっとジョージアが押すのを向こうのファンは楽しみにしていたと思いますが、スクラムが組み合うと、そこで止まった。ファンがザワザワしていましたね。

ジョージア代表の第１列は、足を上げたら（スクラムを）押されるみたいな感じもあったと。そんなに必死になっていたんだと後で知って、僕はすごくうれしかったですね。ジョージア代表のＦＬがスクラムの中のボールを手で扱って、ペナルティーをもらっていましたしね。本当に自信になりました。

ＦＷが８人で組むスクラムの完成形として、ワールドカップの初戦を迎えたというのが、日本代表と南アフリカ代表との違いだったと思います。優勝を狙う南アフリカ代表は、まずはベスト８を視野に入れていたはず。でも、日本代表は初戦の南アフリカ戦をターゲットにしていたし、その影響は絶対あります。南アフリカ戦のスクラムでは、マイボールではしっかりボールを出すことができましたし、日本代表にとっては今までのワールドカップでは見られなかったスクラム、ＦＷだったのではないでしょうか。

――エディーＪＡＰＡＮでは２０１４年５月、サモア代表の国内

組2軍のようなチームにしか勝っていないので、ワールドカップのサモア戦も苦戦するかなと思っていました。

山下　サモア戦は将棋で相手を詰む、みたいな安定した試合運びをしていましたね。南アフリカ戦を見て、興味を持ったファンには少し物足りなかったかもしれません。一方でラグビー好きな人から見たら、「すごい！」と思った試合でしょうね。

――全体的にスクラムだけでなく、ラインアウトの成功率も高かったですね。

山下　特に南アフリカ戦ではラインアウトもほぼ取れましたし、スクラムの成功率は100パーセントだったと思います。うれしかったですね！

――ダルマゾコーチの指導だけでなく、個々のフィジカルトレーニングの成果でもありますね。

山下　そうですね、JP（ジョン・プライヤー）のS&C（ストレングス&コンディション）に鍛えられた部分もあります。あとはFWの第1列の3人で、横でコミュニケーションを取って、修正できた部分も大きかった。「そっちどうやねん」「ここは動かんでいい」とかそういうのが、ワールドカップのアメリカ戦でもありましたね。ビデオで見るのと、実際に組んでみるのでは全然違うこともありました。

――先ほど手ごたえを感じたと話された7月～8月のPNCは、取材している側からすると3連敗（アメリカ代表、フィジー代表、トンガ代表）してすごく心配していました。

山下　カナダ戦が終わって、フミさん（SH田中史朗）が合流しました。春からやってきて、PNCの初戦でカナダに完勝して、チームがまとまってきたなと思っていました。ですが、アメリカ代表、フィジー代表に連敗してしまい……でもチームの空気は意外に重くなかった。

――ワールドカップ代表のメンバーのPRは1番3人、3番3人、みな選ばれると思っていました。

山下　そうですね。結果的にWTBが多かったですね。でも、PR平島（久照）さんはケガがなかったら、選ばれていたのかなと思います。

「ピークは今じゃない。悲観することはない」

――PNC前の2015年6月の合宿はどうでしたか？

山下　もう、どえらかったです。ずっとホテルとグラウンドの往復だったので、つらかった。最初の12日間はまだ耐えられたのですが、後半はしんどかった。また前半の12日間の練習後、土日がオフだったのですが、移動もその休みの間にしないといけなかったので、疲れがとれませんでしたね。

――外国人選手の中には、途中で帰ったりした選手もいましたね。こちらから見ると「ダブルスタンダード」があるなと思っていました。エディー・ジョーンズHCはちゃんと理由を言えば、途中離脱も認めていたと聞いています。

山下　そうなんですよ。「なんやねん」みたいな感じになっていました。「各ポジションに2～3人選手がいて、ワールドカップのために強制的に練習させられている中で「休ませろ」なんて言いに行ける日本人選手なんていないでしょ（苦笑）。あと、外国人選手だからというのもありましたね。それだけのポテンシャルを試合で出していたら、胸張って「ちょっと帰ります」と言えましたが、当落線上にいたら、そんなことはできません。

――そんな中でも、よくチームがまとまって練習していたと思います。

山下　みんながみんな、あっち行ったりこっち行ったりしなかったからだと思いますね。あまり経験はできなかったですが、ＪＫ（ジョン・カーワン）時代のチームは、自由時間もオフも多かったので、みんな飲みにもいったりして、そこでグループがいっぱいできていた。だけど２０１５年は、みんな1カ所に詰め込まれていましたし、毎日、朝と晩、顔を合わせてご飯を食べていましたから、なんかあれば話をしていましたね。チームミーティングも多かったし、常に一緒にいる感じでした。だから雰囲気はすごく良かったですね。あとは、一緒にしんどいことをしたという結束も強かったです。

――実際にワールドカップに行ってもミーティングが多かったんですよね？

山下　そうですね。最後のほうで僕らは、ミーティングをするのはお酒を飲んでいないか、ホテルにいるかのチェックとしか思っていませんでした。またヘッドスタート（早朝の練習）もワールドカップの終盤までやっていましたが、だいたい軽いトレーニングだったので、ただのコンディションチェックくらいにしかとらえていませんでした。エディーは常に、選手を監視下に置きたい指導者でしたね。

――改めてエディーJAPANの4年間を振り返ると？

山下　強豪とも対戦しましたし、エディーがずっと勝つようにチームを仕向けていったという感じでしたね。ワールドカップの南アフリカ戦も、初戦のあの日しか勝てなかったと思います。２戦、３戦目だったら南アフリカ代表は仕上がっているだろうから、簡単には勝てなかったでしょうね。

　ワールドカップで結果を残すことができたのは、やはりエディーの、２０１２年から3年間半かけての、壮大な準備じゃないですかね。２０１５年は、どえらい合宿もありましたが、合宿で選手を詰め込んだことが、チームの団結を生んで、ワールドカップ前に負けてもみんな下を向かなかった。エディーは「ピークは今じゃない。別に悲観することはない」とずっと言っていましたね。ワールドカップを想定した合宿も何度もやりましたし、中3日や4日で試合をやったりもしましたね。

――そういった準備ができたらからこそ、南アフリカ戦でビッグタックルすることができたというわけですね？

山下　いやいや……相手から来たから行っただけですよ（笑）。

INTERVIEW

必死な思いでやってきたことが実を結んだと思います

福岡堅樹

パナソニック ワイルドナイツ

福岡高校から筑波大学を経て、2016年からパナソニックへ。2013年、ジュニア・ジャパン、日本代表に選出。2015年、ワールドカップ初出場、2016年はセブンズ(7人制ラグビー)に専念している。

大学と両立させた3年間

――改めてワールドカップを振り返ってください。

福岡　エディーJAPANは「日本ラグビーの歴史を変える」という目標を掲げていました。ベスト8には進むことはできませんでしたが、ワールドカップで3勝という結果は、本当に今までの歴史から考えれば快挙なので、そのチームに関われたことはうれしかったです。31人のメンバーに選ばれて光栄でした。

――福岡選手は大学2年生の時、エディーJAPAN2年目から代表入りしました。苦労はありませんでしたか？

福岡　ジュニア・ジャパンでも、日本代表に近いスタイルではやっていたので、1カ月間で少し体験できたのは良かったです。でも最初は先輩方や、しかも憧れていた選手ばかりだったので、緊張感もありました。エディーの練習は本当に一つひとつ、緻密に考えられていて、準備の部分は、プロだなと思いました。ただ正直言うときついので、もうやりたくはないですね（苦笑）。

――2013年は大活躍しました。

福岡　ウェールズ代表第2戦とニュージーランド戦、スコットランド戦ですね。オールブラックスとの一戦も記憶に残るプレーはありましたが、特にスコットランド戦のほうがいいイメージを持ってできました。2013年は、少し成長できた年でした。当時のキャプテンは俊さん（廣瀬俊朗）だったので、この人についていけば、チームは大丈夫という思いも持つことができました。

――3年目の2014年はあまり試合に出られませんでした。

福岡　ケガもあってうまくいかなかった部分が多かったです。代表でのやり方と、大学でのやり方とのギャップに苦しんだ時期でもありました。日本代表は大事な試合ではいいパフォーマンスを見せていたので、自分もそこにいたいという思いはありましたね。

――エディー・ジョーンズHCがWTBに要求し続けたことは何ですか？

福岡　とにかく「ボールタッチしろ！」と最初から最後まで言われ続けて、だいぶ意識も変わっていきました。ワールドカップ直前のウルグアイ代表との1試合目のあたりではボールタッチが多かったので、アピールできて良かったです。

――2015年、4月から合宿と試合があり、6月は「過酷な訓練」と題して4週間の合宿を敢行しました。

福岡　5月から試合はなかったし、6月の練習ではみんな疲れがたまっていてメンタルもやられていたと思います。誰ともしゃべらず、ご飯を食べながらみんな一点を見つめているという感じでした。ハードな練習をやってきたのでそれを無駄にしないように、スーパーラグビー組に絶対勝つぞという意識でやっていました。

――エディー・ジョーンズHCはずっと南アフリカ戦を意識して、練習をしていましたね。

福岡　すべての流れは初戦で決まるとわかっていたので、たとえそこで歯が立たないと思ったとしても、その試合を捨ててしまったら終わりだと、わかっていたのだと思います。

――7月には、リーチ マイケル主将やSH田中史朗選手が、スーパーラグビーから戻ってきました。

福岡　特にフミさん（田中選手）は、練習に違和感を覚えていたみたいでした。いい意味で新しい刺激があって、また一段階、チームが次のステップに進めたのではないでしょうか。

――WTB藤田慶和選手、松島幸太朗選手とともに若い世代から見て、チームとしてまとまった原因はなんだと思いますか。

福岡　スーパーラグビーを経験した選手が戻ってきて、リーダー陣の中でも話し合いが増えていたし、プレイヤーズミーティングも増えて、選手たちで話し合いができるようになったのは良かったと思います。考えをしっかりと一つにまとめることができましたね。6月は、合宿期間が長くて、それだけ生活をともにする時間も長く、エディーとうまくいかない時期もありましたけど、それに対して選手たちでいろいろ話し合って共通認識を持てたので、チームとして一つになりやすかったです。

――リーダー陣に対する印象はどうでしょうか？

福岡　リーチ主将は、プレーで引っ張ってくれました。本当に、いてくれるだけですごく違います。リーチ主将をゴローさん（FB五郎丸歩）やHO堀江（翔太）さんといったバイスキャプテンがサポートしていて、いいリーダー陣の関係ができていました。FWでは堀江さんが大きな役割を果たしていましたし、BKもゴローさんがいるだけで存在感がありました。特にゴローさんのキックは日本の決定力のなさを補ってくれました。

――6月当時は、選手たちだけでなく、エディー・ジョーンズHCも余裕がなかったと感じていました。

福岡　追い込まれているなというのは僕も感じました。あの時期は一番余裕がなかったし、7~8月のPNC（パシフィックネーションズ・カップ）で結果が出なくて、切羽詰まっているような……。このまま行ったらどうしようという気持ちが少しはありました。個々のミーティングでの言い方がだんだんきつくなっていたし、エディーも焦った部分もあったのではないでしょうか。

――いろいろな経験を積み、ワールドカップの日本代表メンバー

に選出されました。

福岡　7月から8月のPNCではカナダ戦やフィジー戦で相手に抜かれたこともあり、いいプレーができていなかった。エディーに「ワールドカップ前にディフェンスを改善できないと連れて行けない」と言われていたことは、いいプレッシャーとなっていました。WTBの中から誰か一人落ちると思っていたので……ホッとした部分がありました。

――ワールドカップ直前のチームの雰囲気はいかがでしたか？

福岡　正直「本当に勝てるのだろうか」という不安みたいな空気感はありましたね。

「ゾーン」に入れる状態まで仕上げられた

――直前まで不安があったのに、いい状態で試合に臨めたのはどうしてだと思いますか？

福岡　ワールドカップの南アフリカ戦は一試合を通してミスがほとんどありませんでした。それが本当に信じられませんでした。それができればというエディーの理想の形が試合で出せたということですよね。本当にそれこそみんなが「ゾーン」に入っていたというか、それに近い状態だった。言うなれば、今まできつい練習をやってきたという自信と、何とかしてそれを形にしたいという思いの強さが選手たち一人ひとりの精神をより最高の状態、ゾーンに入れるような状態に仕上げたのかなという感じです。

――南アフリカ代表に勝てた要因は？

福岡　しっかりといい準備ができたこと、そして相手への分析と自分たちの強みを生かすプレーを選択したところでしょうか。頭を使う、相手を惑わせるというか、南アフリカ代表の流れを作らせずに終われたと思います。たとえばキックももちろん蹴りましたし、相手が正面から当たると強いので、ずらしてから当たって、さらに相手を走らせて、最後は走れなくさせるほどでした。そういった一つひとつのプレーの選択が良かった。ただ自分自身、ピッチに立てなかったのは悔しかったですが……。

――第2戦のスコットランド戦は先発出場でした。

福岡　初戦でメンバー入りできなかったので、次に備えようと2戦目にフォーカスしていました。負けた要因はいろいろありますが、プレーの精彩を欠いていたことは大きかったです。他の3試合と比べた時に、スコットランド戦はミスがすごく目立ちました。準備の部分でも、精神的にも戦術的にも身体的にも、中3日という日程面の部分で調整が少し難しかった部分はあったのかなと思います。100パーセントで臨めたかと言われると違いましたね。

――ワールドカップに出場したということに関して、どう感じていますか？

福岡　やはりプラスになりました。試合でいいプレーができなかったのは、2019年につながる経験になったのだと、自分の中ではポジティブにとらえるようにしています。ここから先に成長するための、踏み台やバネにしていきたいと思います。

――大会終了後、エディー・ジョーンズHCから何か言われましたか？

福岡　そんなに長く話したりはしていませんが、2019年に向けて頑張れと激励の言葉をかけてもらいました。

──エディー・ジョーンズHCの指導で一番良かったと思うことは？

福岡　自分自身の場合はスピードトレーニングのところはすごく参考になりました。チームとしては、判断のところにすごく重きを置いていました。ターンオーバーが起きた時の反応がすごく悪くて、それを改善するために、いろんなコールを決めてみんなに伝えたりするなど工夫していましたね。

──エディー・ジョーンズHCはどんな人でしたか？

福岡　本当にすごく分析していると思いました。練習一つをとっても、時間だったり相手の戦術だったり、実に事細かく考えられています。その一つひとつを、一人ひとりのキャラクターを見ながらどう指導するかを決めていたように見えます。精神的な負荷を、耐えられるギリギリのラインまでかけてくる。その辺りはすごくうまいですね。

──もう少し自主性を尊重してほしいと思ったことは？

福岡　自分はそこまで練習に疑問を持たずにやってきました。日本代表のスタイルを貫くためには計算されたものでやっていく必要もあると思っていました。

──福岡選手は、2016年はスーパーラグビーではなくセブンズ（7人制ラグビー）に専念しています。

福岡　サンウルブズの話も来ましたが、セブンズに専念しようと決めました。アスリートなら誰でも出たいと思う大会ですし、せっかくのチャンスを生かしたいと思いました。ワールドカップで経験や準備が大事だということは伝えていきたいですし、しっかり準備をしてオリンピックに臨みたいです。

──今回の結果を受けて、日本代表の方向性は見えましたか？

福岡　ハードワークを続けていかないといけません。日本は世界相手にフィジカルでは勝てません。いくら鍛えたところで勝つことは無理です。だから日本が勝つためには、頭とスタミナを使っていくしかない。そこの根幹部分は今回のエディーJAPANから大きく覆ることはないはずです。

──次回のワールドカップ、ファンの期待はさらに大きいです。

福岡　プレッシャーは大きいですよ。この人気が続くためには日本代表が勝つことが前提だと思っています。日本代表戦は九州でも開催されるでしょうから、やはり出場したいですね。自分自身は福岡が好きですし、九州への思いは強いので、2020年のオリンピックまでラグビーをして、引退して医者になることができたら、いずれは帰れたらいいなと思っています。そういう意味でも2019年ではプレーしている姿を九州のファンに見せたいです。

──改めて、エディーJAPANを振り返ると。

福岡　結果が良ければ、すべて良しです。日本ラグビーにとってもいい方向に向きましたし、この3年間、必死な思いでやってきたことが実を結んだと思います。

「4年間、ずっとこのためにやってきたから自信を持ってプレーしなさい」と送り出された

藤田慶和

パナソニック ワイルドナイツ

東福岡高校、早稲田大学からパナソニックへ。2012年日本代表の最年少出場記録を18歳7カ月27日で更新。ワールドカップではアメリカ戦でトライをあげた。2016年はセブンズに専念している。

やってきたことが間違いではなかった

――大学生になったと同時にエディーJAPANに招集され、18歳で日本代表デビューしました。2015年のワールドカップのメンバーに選出され、アメリカ戦ではトライも挙げました。まず、エディー・ジョーンズHCの印象をお聞かせください。

藤田　いろんな方に指導を受けてきましたが、ここまで緻密で、怖かったコーチはいないですね。迫力がありました。でも、エディーさんは自分の足りないところを指摘してくれましたし、18歳の時にジャパンに引き上げてくれて本当に感謝しています。エディーさんの一番のすごさは妥協がないところですね。目標を立てたら、それに対してすべてのことを完璧にやる。それが強いチームを作った秘訣だと思います。

エディーさんのやり方を、海外の基準で見ると「練習をやり過ぎ」となると思いますが、日本人は忍耐強いから、それに応じた手法を取っていたと思います。サントリーも優勝させていましたし、日本人には合っていたコーチなのではないでしょうか。

――18歳で代表入り。初めはチームに溶け込むのに苦労したのではないでしょうか？

藤田　2012年の当初、トシさん（廣瀬俊朗）がキャプテンでした。それまでは全然知らなかったのですが、チームをまとめる力がすごくありました。ふざける時はふざけるし、人にも合わせられるけど締めるところは締める、すばらしい人です。もしかしたら、日本で一番キャプテンに向いている人だったかもしれないと思うくらいです。後々考えると、エディーさんがピンポイントでトシさんを選んだわけで、選手を見抜く力があるんだなと感心しましたね。

――ところで東福岡高校出身で、しかも高校時代はニュージーランドにも留学していました。オーストラリア出身のエディー・ジョーンズHCの指導方法に戸惑ったりしなかったのでしょう

か？

藤田　東福岡自体がニュージーランドスタイルというか、セットプレーから1次、2次くらいまではサインプレーでしたが、あとは空いているところを好きに攻めていいよ、みたいな感じでした。だから日本代表の1年目は、自分の中ではラグビーは感覚でできるものだと思っていたので、プレーが決められるのが嫌で、ミーティングを聞いていても全然、頭に入ってこなかったです。正直、若かったですね（笑）。

グラウンドでも「こうしよう、ああしよう」とか言われてもほとんど理解できてなくて、「これ意味あるのかな？」と思っていた部分もありました。でもケガをして、いろいろ考えていく中で、チームにしっかり順応していかないといけないと思うようになりました。東福岡には東福岡の、日本代表には日本代表のスタイルがある。それを理解して順応して、活躍できるようにならないといけないと。

――藤田選手は４年間で、２０１２年の５月、２０１４年６月と２度の大きなケガに見舞われました。ご自身の中でターニングポイントになった試合はありましたか？

藤田　難しいですね。でも印象に残っているのは２０１４年５月のサモア戦ですかね。アジアの大会後で、「どうかな」みたいな感じでしたが、しっかりと自分のパフォーマンスを出して、試合に勝つことができたので印象に残っています。

――ワールドカップ前はどのような心境でしたか？

藤田　メンバーに選ばれるのか、その不安との戦いでした。２０１５年４月は「どうしよう、入れるかな」と思っていました。でも5月からそれを考えずに、1日1日を全力でやろう、それが成長につながるという気持ちを持つようになりました。一方で、ずっとエディーさんにカマをかけられていました（苦笑）。チームのミーティングでメンバー争いの話になると、絶対ＷＴＢが出てくるんですよ！　ワールドカップ前にＷＴＢが6人いる中で2人減らされるとか、福岡（堅樹）、山田（章仁）は頑張っているとか……すごいプレッシャーでしたね。

――今から振り返ると、ワールドカップで３勝１敗という好成績だった要因はどう思いますか？

藤田　4年間、エディーさんがぶれなかったことと、大会に入ってからリーチ（マイケル）さんを先頭に、チームに自主性みたいなものが出てきて、短期間でもチームの力が伸びた。そこに自信もついて、勝ちを積み重ねることができたと感じています。

また4年間、負けが続いても、アタックするスタイルを変えなかったことも要因の一つだと思います。エディーさんは勝つために必要なことをやっていました。選手の特性よりもチームを洗練することを優先していた。個々の強みを伸ばすのではなく、チームに必要なものを選手に植え付けていきましたね。

4年間、ハードな練習をしてきて、成果は出るのかなという気持ちはみんなあったはずです。そして南アフリカ代表に勝利という結果が出たことで、「やってきたことが間違いじゃなかった」と自信がついて波に乗れたイメージですね。エディーさんは、4年間、連戦が続いても、どの試合も勝ちにいっていた。そのことが、「勝つ文化」につながったと思います。技術やスキル以上に、マインドセット（練習や試合に対する心構え）が一番伸びたと思います。

——そのワールドカップでは、初戦の南アフリカ戦から3試合目のサモア戦まで試合に出場できず悔しい思いをしたのではないでしょうか？

藤田　南アフリカ戦に関しては、勝つことができてうれしかったですね。単純にうれしかったです。チームとして、これまで4年間、苦しい練習をしてきて、それが報われた感じでした。ただ2戦目のスコットランド戦、3戦目のサモア戦に関しては、本当に悔しかったですね。チームが勝っても素直に喜べない自分がいました。

でも、アメリカ戦に勝って3勝1敗で帰国した時、空港で多くのファンに出迎えてもらったし、大学の友人たちからも「おめでとう！」と祝ってもらいました。誰に聞いても「南アフリカ戦は感動した。涙を流した」と言ってくれるので、チームの目標であった「人に感動を与える」「子どもたちに夢を与える」ということが少し達成できた気がしました。

——エディー・ジョーンズHCに何か言われて、鮮烈に覚えていることとか印象深かったことはありますか？

藤田　あれだけ厳しかったエディーさんから、ワールドカップのアメリカ戦に出る前に「4年間、ずっとこのためにやってきたから自信を持ってプレーしなさい」と言われました。この一言が自分にとってはすごいプラスになりました。

——もし、エディー・ジョーンズHCがもう4年間、日本代表を指揮していたらどうなると思いますか？

藤田　最初は、どんなことをやるかわからないところからのスタートだったので、ハードワークもできた部分があります。でも今は、みんなどういうことをやっているか知っているし、きついことするだろうなという精神状況で臨んでしまうので、この4年間のような伸び率は出なかったでしょう。だからエディーさんは今大会まで良かったのかなととらえています。エディーさんが残してくれた文化は引き継いでいきながらも、新ヘッドコーチの下で、新しいやり方でやるのがいいのかなと思います。

2019年は今回の悔しさを晴らす

——具体的には、エディーJAPANのどういった部分を残していかないといけないとお思いですか？

藤田　まずハードワークの部分です。エディーさんは、日本にハードワークの文化を浸透させました。こういういい文化はつなげていきたいですね。もう一つは、練習、ウエイトトレーニング、食事面など、すべて代表で鍛えた部分がありましたが、これからは、最低ウエイトトレーニングくらいは、自分の準備をしっかりやった状態で代表に来るようにしたいですね。

——藤田選手は大学生ながらも日本代表に選出されて、その両立は大変ではなかったですか？

藤田　切り替えという部分は難しくなかったです。僕の場合は、大学のチームに早くなじめるかが心配でした。最後の大学4年のシーズンに関して、いろいろ同級生と連絡取りながら進めてきたという感じでしたが、早稲田大学が僕のことを理解してくれたのが大きかったです。臨機応変に対応していただいたので、ラグビーと勉強の両立はやりやすかったですね。

――ワールドカップを終えて、今、改めてどうお思いですか？

藤田　アメリカ戦しか出られなかったですし、チームとしてベスト8に進出できず、満足できる大会ではなくて、悔しい気持ちが大きいです。今年はリオデジャネイロオリンピックに出場するために、セブンズに専念します。悔しいこの気持ちをしっかりと2019年ワールドカップで晴らしたい。でも、その前に日本代表に選ばれることが大前提なので、しっかりと活躍して、2019年大会はチームを引っ張っていければと思います。

写真：斉藤健仁

INTERVIEW

ワールドカップでは僕が何も言わなくても、全員が日本代表の価値を理解していた

田中史朗

パナソニック ワイルドナイツ

伏見工業高校、京都産業大学からパナソニックへ。2013年にハイランダーズへ加入し、日本人として初めてスーパーラグビーの舞台に立つ。ワールドカップでは全試合先発出場を果たした。

ジョージア戦の勝利でチームはまとまった

――エディーJAPANの4年間を振り返って、ターニングポイントになった試合は？

田中　ワールドカップ直前の9月5日、ジョージア（旧グルジア）戦（○13-10）ですね。そこからチームがまとまった感じがしました。

ワールドカップ初戦で対戦する南アフリカ戦を想定してキックを多めに使いました。この試合は選手間のコミュニケーションもよく、ディフェンスも機能しました。そして最後にFWでトライを取り切ってギリギリ勝てたという部分もあります。前年の秋に負けた（●24-35）相手に対して、ワールドカップイヤーで勝利できたのは大きかったです。

――田中選手は2015年、スーパーラグビーのハイランダーズ（ニュージーランド）で優勝し、7月下旬から日本代表に合流しました。

田中　（8月3日のパシフィックネーションズ・カップの）トンガ戦前にはみんな「全力でできていないな」という感じを受けたので、チームに対して自分の思っていることを言いました。でも、ジョージア戦ではそこがしっかりできていました。

ジョージア戦は、特別何かしたというわけではないですが、一人ひとりが自信を持ってプレーをしていましたね。渡英してワールドカップがいよいよ始まる、そしてワールドカップと同じ会場での試合ということで、自分たちで準備をしないといけないと意識できた気がします。

――それ以外に、4年間でキーとなった試合はありますか？

やはり2013年6月15日のウェールズ代表（○23-8）、2014年6月21日にイタリア代表（○26-23）に勝った試合ですかね。相手は1.5軍かもしれませんが、ホームで、強い相手にしっかり勝つというのが自信になりました。

――やはり、ウェールズ代表に勝利したインパクトは大きかったです。勝ったことでチームのどういう部分が成長したと思いますか？

田中　それまでは日本代表のために必死でプレーするという思いが少し抜けている選手がいましたが、自分たちを追い込んで全力でやらなければ勝てないのだと少しずつ浸透してきました。ただ、一人ひとりの意識という点ではまだまだ物足りないと感じていました。

――エディーJAPANの中において田中選手は、一貫して仲間たちにエディー・ジョーンズHCともっと話したほうがいいと言い続けてきました。

田中　最終的にはリーダー陣がしっかり話していたので、チームとしてまとまりましたね。ワールドカップの大会中など最後のほうは、そこまで言わなくても、良い状態になっていましたから。

――田中選手はリーダーシップグループに入っていなかったそうですが、最後のほうはリーダー陣に任せた部分があったのですね。

田中　僕が思ったことはFLリーチ（マイケル主将）とかコス（SO小野晃征）に言っていました。そしてリーチがリーダー陣に話をして解決してくれていたので、僕はワールドカップに入ってからは何も言っていないですね。チームがジョージア戦から良い状態になっていましたし、そこで僕がガーガー言ってもしょうがないので、何か気づいたことがあったら、リーチから言ってもらうようにしていました。

――初めに7月下旬にチームに合流した際、エディー・ジョーンズHCには何を言ったのでしょう？

田中　みんなが6月にきつい練習をしていましたが、その意味を（エディーに）言ってほしかったということだけです。ただしんどい練習をして、しんどいだけだったら意味がない。このしんどい練習を何のためにやっているのかということを、もっと選手に説明してほしいと言いました。

その後は、エディーは話してくれるようになりました。僕はスーパーラグビーでの経験もあって、合流してからの練習はあまりしんどくなかったですし、6月の合宿は経験していませんでしたが、ただ6月はチームがバラバラだったと感じていました。リーチが中心となって、よくまとめてくれましたね。

リーチもいろんな人にサポートをしてもらいながらやっていましたが、最後は「一人ひとりのリーダーシップを見たい」という方向へもっていたのが良かったかなと思いますね。リーチがスーパーラグビーに行って、チーフス（ニュージーランド）で学んで、リーダーとして成長してくれていました。ミーティングの発言もしっかりしていましたし、エディーやスタッフともかなりの時間ミーティングをしてくれていたみたいです。

海外挑戦で自信を持ってプレーできるようになった

――田中選手は自分から海外に挑戦しましたが、エディー・ジョーンズHCは「マインドセットを変えてほしい」と、多くの選手の海外挑戦を後押ししていました。南アフリカ戦はスーパーラグビー挑戦者が全員先発でしたが、リーチ主将以外にも「変

わったな」と思う選手はいましたか？

田中　マツ（WTB松島幸太朗）ですかね。もともと体もしっかりしていたし、すごい選手ですが、海外（2015年はオーストラリアのワラタス）に挑戦して、自信を持ってプレーできるようになりました。変わりましたね。あと（オーストラリアのレベルズに在籍した）ガッキー（PR稲垣啓太）も、ラグビーを学ぶ姿勢がすごく良くなった。もっといろんな選手に海外に挑戦してほしいですね。

――他にエディー・ジョーンズHCがやったことで印象に残っていることはありますか？

田中　ラグビーのみではなく、フェンシングや他のスポーツを取り入れたり、（当時、プロ野球の巨人の）原辰徳監督に話を聞いたりしたことは良かったと思いますね。新鮮でしたし、リラックスできました。原監督は代表チームとして戦う時の意識は大事だとおっしゃっていて、日本代表のプライドを持つことをより意識できました。

――田中選手も一貫して、「日本代表にプライドを持て」と言い続けてきました。

田中　チームがそういった意識を持ち始めたのは南アフリカ代表に勝ってからですね。そこまではまだまだ足りない部分もありました。南アフリカに勝ってからやっと自信がつきました。

ただ基本的に外国出身の選手やHO堀江（翔太）やコスなど、日本代表の中心選手はその意識をしっかり持っていました。日本代表の価値を理解していましたし、前回のワールドカップに出場したチームとの違いもそこにあると思います。

――あらためて、あの時、日本代表が南アフリカ代表に勝てた最大の要因は何だと思いますか？

田中　自信を持てたというか、チームとして戦うことができたという点ですかね。みんなが勝ちたいという気持ちがありましたし、今までの日本代表になかった思いを持ってプレーできた。対戦前は勝てる！　とまではあまり思っていませんでしたが、実際に対戦してみると、すぐに「いけるぞ」と思いましたね。

――田中選手にとって、エディー・ジョーンズHCはどういう存在でしたか？

田中　僕としては対等に話せましたし、良いコーチでしたね。ただ良い悪いは個々によると思います。

一番の思い出は、一緒にお酒を飲んだことですかね。（2012年秋の）ルーマニア代表に勝った（○23-34）後もそうですし、ワールドカップが終わった後もですね。

――エディー・ジョーンズHCの一番すごいと思ったところは？

田中　折れないところです。自分の言ったことを変えません。就任当初から全くブレなかったですし、言い合いになっても絶対に折れませんでした。何回か言い合いはしましたが、結局、話はそのまま平行線をたどったまま、「もういいや」という感じで僕が折れて終わりましたね。ただエディーは、誰よりも寝ずに分析などを行っていました。一番しんどいことをやってきましたし、ハードワークしていましたね。

ラグビー人気を下げない

――このエディーJAPANの4年間には満足していますか？

田中　そうですね。ワールドカップで結果を残せたので、すべての面において満足というわけではありませんが、ラグビー人気が高まっているのは良かったですね。自分のプレーに関しては満足していません。まだまだ改善できる部分があります。

――また日本代表に呼ばれたらどうしますか？　次期ヘッドコーチは田中選手が4年間ともに戦っている、現在ハイランダーズのヘッドコーチであるジェイミー・ジョセフ氏が内定しています。

田中　もし日本代表に呼ばれたら、誰がヘッドコーチであろうと、体との相談にもなりますが、基本的には行きます。

――今後、日本ラグビーはどうなってほしいですか？

田中　ラグビー人気を下げないということと、日本代表がさらに強くなってほしい。以前よりも代表の練習時間は減るかもしれませんが、サンウルブズに日本代表やそれに近い選手が参加するので、コンビネーションは大丈夫かなと思います。4年後、2019年のワールドカップは日本で開催されますが、その時に自分自身がどうなっているのか。楽しみですね。

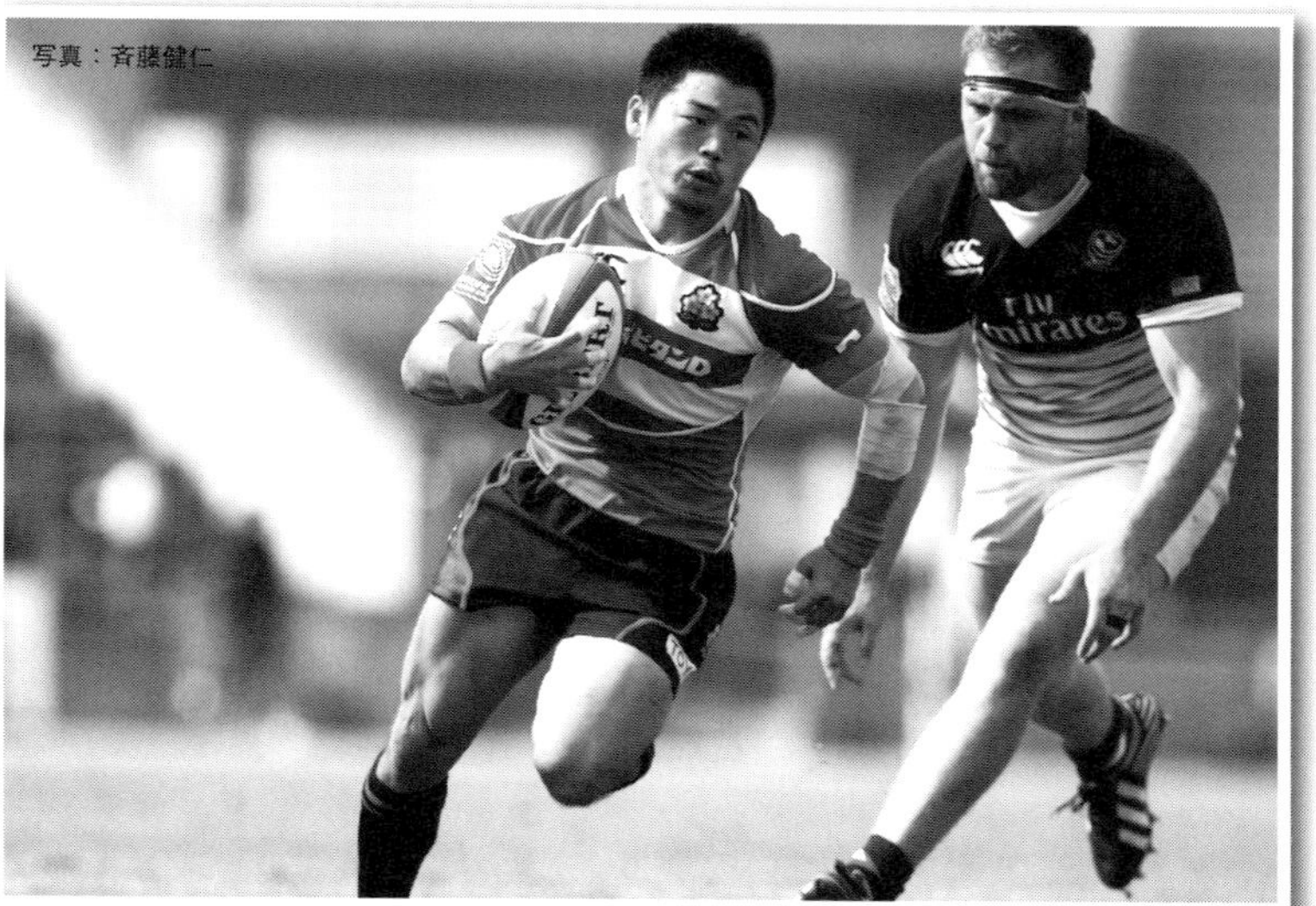

INTERVIEW

この4年間、僕らはやっぱりエディーさんにコントロールされていた

木津武士

神戸製鋼コベルコスティーラーズ

東海大仰星高校からラグビーを始め、花園では優勝を経験した。東海大学を経て神戸製鋼へ。2015年日本代表に選出、南アフリカ戦に出場。2016年、サンウルブズでもプレーする。

相手より、低く組む

――3勝したワールドカップを終えて、今から振り返ってターニングポイントになった試合はありますか？

木津　やはりワールドカップ直前のジョージア戦じゃないですかね。個人的には1年前にスクラムでジョージア代表に押されまくって、大恥をかいた。1年後、ワールドカップ前に対戦が決まり、そこに向けてどう組んでいくのか、（コーチの）マルク・ダルマゾといろいろと話して、どういう組み方をしたら対応できるかという対策を練ってもらいました。

2014年のジョージア戦では試合中も改善できなかったし、どうやっても止まらなかった。「どうしたらええねん？」とマルクに聞いても「俺にもわからん」と答えが返ってきた（苦笑）。個人的にもヨーロッパ遠征が初めてだったので、ヨーロッパのスクラムの強さを体感しました。ただ粉砕されてしまって、「受け入れな、アカン」と思い、ワールドカップ直前のジョージア戦では、やられたことをやり返すというか、どれだけ対応できるか、楽しみにしていた試合でした。最後、ちょっとしか出ませんでしたけど、やられたことをやり返すことができました。スクラムやモールという相手の強みに勝ってワールドカップ前に自信をつけて、チームとしても勢いに乗りました。

――エディーJAPANはスクラムを強化した4年間でした。途中でルール変更もありました。

木津　日本人は体が小さいので、このルール変更は日本代表に有利と思われましたが、海外のチームも対応してきたので、あまり優位性は感じなかったですね。やはり、日本代表は相手より低く組める。強みはそこですね。なおかつ8人で組むということをダルマゾコーチが来てから意識するようになった。結局、4年間積み重ねたものがあって、ワールドカップの舞台でも大きな相手に組めるようになったんだと思います。

ジョージア戦から学んだスクラム対策

――スクラムでは具体的にはどこがやられて、どういったことを修正したのでしょうか？

木津　1年前のジョージア戦では、まずバインドの時点で負けて、なおかつヒットでも向こうは8人で組めているのでドシンと乗られてしまった。スクラムは最初のヒットでだいたい8割くらい決まるので試合中、アーリーヒット気味に仕掛けたら、今度はアーリーエンゲイジの反則を取られた。その前にレフリーにジョージア代表のほうが強いという印象を与えてしまった。ネタですけど、PRの畠山（健介）さんとまーちゃん（三上正貴）には、「あの時の戦犯お前やな」とよく言われるんです。「そうやな」とは思いながら、でも「俺だけのせい、ちゃうやろ」と思っています。それでもしっかり受け入れてヨーロッパ対策をしていきました。

やはり、バインドの時点でこっちも乗り勝とうということをやりましたね。ヨーロッパの選手は最初からガンガン乗ってくるのでバインドをやられたらあかん、逆に日本が先手をとらないとあかんから、こっちも乗ってく。乗っていきながらも、低く、相手より下から組んでいくということを練習でやっていましたね。

また8人で組むという練習は、飽きるくらいにずっとやっていましたね。腰を落として低い態勢から「1、2、3」とずっとやっていた。どんな状況になっても自分たちの形を崩さずに8人で組み切る。練習がきつくて、正直、「根性論や」とも思っていたんですが、そうした厳しい練習をやったから、ワールドカップで世界の強豪相手に強いスクラムを組めるようになったのかなと思いますね。

――こうした流れが、ワールドカップの初戦の南アフリカ戦につながった部分があったんですね。

木津　僕は少なくともそうでしたね。直前に行われたジョージア戦では、最後の最後まで負けていましたが、逆転して勝った。まさしく南アフリカ戦と同じような展開でした。後半の大事な局面で、エディーもよく俺を使ったなと思いました。南アフリカ戦でもそうでしたが、やっぱりHO堀江（翔太）さんに絶対的な信頼がありましたが、ジョージア戦でも、南アフリカ戦でも、最後に試合に出ることができて、勝ち切れたのが僕の財産です。

――スクラムだけでなくラインアウトはどうですか？

木津　良かったです。モールは相手の強みをうまくずらして組むとか分析勝ちしたところもあります。ラインアウトはスティーブ（・ボーズウィックFWコーチ）とラインアウトリーダーを中心にワールドカップに向けて、いろんなオプションが増えてきましたし、対戦相手によってどういうディフェンスをするとか、この人は飛ばないとか、本当に細かく分析していたのが本番で生きました。特にアタックの時のラインアウトは、相手が体勢をとる前にボールを取るというスタンスで、テンポを上げていました。

――エディーJAPANの4年間で過ごした中で、チームが強くなった要因はどこにあると思いますか？

木津　すごいなと思ったのが、1年目から4年先のワールドカップを考えた上でトレーニングを行っていたことです。1年目の

1K（フィットネスを鍛える1キロ走）をやった時は、前のJK（ジョン・カーワン）時代に代表を経験していただけに、「このジャパン、どれだけきついねん」と思っていましたね。2年目は「えっ!?」というくらい1Kをやらなくなって、その反面ウエイトトレーニングが増えた。3年目はウエイトトレーニングの量は落とさず、違うフィットエネストレーニングをやっていました。

ただフッカーに関しては、1回も教えてもらったことはありません。ほんまにエディーは元フッカーやったんかな？フッカー以外のことはめちゃくちゃ詳しかったですが……（苦笑）。

――2015年の6月は、やはり大変でしたか？

木津 カオス（混沌）過ぎましたね。ほんまに「過酷な訓練」で精神的にまいってしまうくらいでした。でも、それを乗り越えて、これだけやってきたという自信にはなりました。それくらいですね。あんな練習してきたんやから、ワールドカップで勝たせてよという感じでしたね。

それに僕らは詳しくは知らないですけど、リーダー陣とエディーがもめているとかも情報としては入ってきて、「ワールドカップイヤーだけど、大丈夫か？」と。結構バラバラな時期もありましたが、最後は一つにまとまることができました。

――それは、スーパーラグビー組の存在が大きかった？

木津 どうでしょうか。チームがまとまったのは、ワールドカップメンバーの31人が決まってからじゃないんですかね。フミさん（田中史朗）が8月の練習で「お前ら、きつい練習やってきたんか？」みたいなことを言ってきたんです。フミさん本人には言わないですけど、「なんであんなこと言う？」みたいな感じの雰囲気にはなっていましたし。見た目にわかるくらいバラバラでした。結局、ワールドカップ直前でイングランドに行ってから「3勝を挙げるという目標を達成するにはどうしたらいいのか？」という感じでチームが一つの方向性に向かって走り出した感じでした。

この4年を超えるハードワークが必要

――エディー・ジョーンズHCが、ある程度、選手たちの自主性を重んじたから、そうなったのでしょうか？

木津 いやそうではないですね。4年間、僕らはやっぱりコントロールされていましたね。理不尽なこともありました。でもエディー、すごいです。自身もハードワークしていましたけど、これだけ僕らを縛るというのは相当、大変だったと思います。朝早くから僕らも大変でしたが、練習終わったら休めます。だから、その間に準備していたスタッフには感謝ですよね。

分刻みで練習があったのに、エディーはほんまにハードなことをやらせても、ケガ人があまり出なかったことがすごかったです。僕らのコンディションを見て、ムチだけでなく、たまにアメが入ってくる。僕も腰とか痛めた時、練習後に「温泉に行け」とか言ってくれて……ただ、みんなが練習しているので、逆に気まずすぎて行けなかった。そのコントロールが絶妙でした。

だからワールドカップでは、週の最初の練習は大変でしたが、あとは部屋に籠もるのではなく、買い物に行ったり、お茶をしたりして「この期間は一生、返ってこないから、ワールドカップを楽しんでくれ」という感じでしたね。そんなこと、4年間一度も言ったことがないのに休みも取れ、という感じで、ここに来て〝アメか！〟と思っていました。

――この4年間を改めて振り返ると？

木津　やり切って結果を出すことができてうれしいですが、逆に言ったら、次の4年間は「どうなるんやろ」と思ってしまいます。2019年のワールドカップに出るであろう選手たちは、エディーの時以上のハードワークをしないとあかん。あれ以上のハードワークって、できるのかな？　と思います。怖いですよね。エディーの4年間を経験してきた選手は、次の代表へそれをやっぱり伝えていかな、あかんと思う。意識の高いことを4年間やっていかないと、絶対勝てないと思うんですよね。

――そういう意味で、サンウルブズに参加したのでしょうか？

木津　僕はやっぱりオファーがある以上は行くべきと思いました。もちろん海外のレベルの高い相手と試合することで、個人的にも勉強になるという部分もありました。ワールドカップ、トップリーグ、そのまま初めての経験であるサンウルブズときて、体はすごくきついんですけど、スーパーラグビーを経験するなら若いうちかなと。2019年の日本代表の強化のために、サンウルブズがスーパーラグビーに参戦するわけじゃないですか。だから、そのオファーを断るというのは、日本代表を断るのと一緒やと僕は思いました。

写真：斉藤健仁

INTERVIEW

日本代表は世界と比べると背が低いので判断、動き、ボール、すべてスピード重視でしたね

伊藤鐘史

神戸製鋼コベルコスティーラーズ

兵庫工業高、京都産業大学からリコー、2009年から神戸製鋼へ。2012年4月、31歳で日本代表初キャップを獲得した。2015年ワールドカップではスコットランド戦に出場した。ラインアウトリーダーの一人。

――ウェールズ戦をきっかけに世界相手にもっと勝ちたいエディーJAPAN4年間で、どの試合が一番、印象的でしょうか？

伊藤　やはりチームで一番自信がついて、「この先行ける！」と思えたのは、2013年6月のウェールズ代表との第2戦ですね。1、2戦目ともに先発出場できました。1戦目は、開始10分で手応えがあって、「絶対に勝たないとあかん」という意識の中で試合をして、自分たちのミスで負けました。しかし、2戦目は何としても勝たないといけないという中、ピリピリとした精神状態でも、実際に勝つことができた。このあたりから、このチームでもっと世界に勝っていきたいなと思うようになりました。

本当に、この試合は、チームとしても自分としても、一つの転換期でした。エディーJAPAN1年目は敵地で初めて欧州勢に勝つことができてそれなりに自信になりましたが、世界のトップ10とやる機会はなかったし、着実に力をつけていく中で、主力メンバーはいなかったですが、ウェールズ代表とテストマッチで勝てたことは大きかった。

――2013年の秋は、ホームでオールブラックス、アウェーでスコットランド代表と対戦しましたが、あまり良い時期ではなかった。エディー・ジョーンズHCも不在でした。

伊藤　この頃は、エディーのすごさを体感する場面でしたね。ワイジー（スコット・ワイズマンテルHC代行）も一生懸命頑張っていたし、いい練習もできていたけど、やはりエディーの指示や声かけで、チームの方向性みたいなものを導いてくれました。みんなも必死だったのでいい経験ではありましたね。

――他にも印象的な試合はありましたか？

伊藤　（2013年秋に）オールブラックスと対戦できたこともうれしかったですね。世界一のチームでしたからね。後は2014年のカナダ、アメリカ、イタリア戦あたりかな。

２０１３年秋のロシア戦から連勝することができましたが、僕は最初はリザーブスタートでした。カナダ戦は後半から出場して、大幅にリードされていたけど、ラインアウトのコーリングがうまくはまったこともあり、逆転勝ちすることができた。そこからまた先発で使ってもらえるようになった。自分の中で、また一つの転機になりましたし、さらに個人的に自信になりましたね。

――いまだに初キャップを得た、２０１２年４月のカザフスタン戦後の笑顔が忘れられないです。

伊藤　本当ですか？　やっぱりずっと日本代表になりたかったですから。紆余曲折あって、やっと初キャップをつかみました。最初はワールドカップなんて本当に見えていなくて、とにかく1キャップだけでいいからほしいという感覚でした。だからこその笑顔だったと思います。長かったですね。

――当然、エディーJAPANでは、個々の選手が成長していかないと、代表には呼ばれ続けない印象がありました。

伊藤　そうですね。純粋に1年目は、エディーはサントリーとは違うとは言っていたけど、サントリーではこういうラグビーをやっているのか、こういうシステムもあるのかと純粋に面白かったですね。練習はもちろんしんどかったですけど、エディーのちょっとした一声で、もっと頑張ろうと思えたし、30歳は超えていたけど、その積み重ねで成長を感じることができた。「ひょっとしたらワールドカップを狙ってもええんちゃうかな」というところにつながっていった。最初は全然思っていなかったですが、やはり、ウェールズ戦あたりから、そう意識するようになりました。

――そういう意味では２０１５年のワールドカップではスコットランド戦で途中出場しました。

伊藤　15分は短かった、ですね。でも1本だけラインアウトがあって、たまたま、オプションで残っていたのが、僕が前に移動してキャッチするサインだったので、そのボールを取ることができた。その時は自分の仕事をやり通しただけですけど、今振り返ると本当にあの1本のためだけに、この4年間、積み重ねてきた。今まで練習を繰り返してきたことが形として示せましたね。

スティーブFWコーチの存在

――伊藤選手は、ラインアウトリーダーの一人を務めていました。どういった準備、練習をしていたのでしょうか？

伊藤　やはりスティーブ（・ボーズウィックFWコーチ／現・イングランド代表FWコーチ）の存在がめちゃくちゃ大きかったです。（２０１２年の）スポットコーチ時代から、こんなに書けるのかというくらい分析されている。1試合ごとにすごいレポートが送られてきていました。しかも現役選手をやりながらですよ。「スティーブ、どれだけ考えてくれてんねん、すげぇ」と思っていましたね。全部読んでも情報量が多すぎて、一気に頭に入らなかった。自分がいない分、情報はすべて与えるから、その中から選んでくれというイメージだと思いました。

――２０１４年６月から、ボーズウィックが正式にFWコーチとして就任した後はどうでしたか？

伊藤　意見交換は多々ありました。例えば次の試合に出なかった場合は、その翌週の試合相手を分析しておいてくれと言われたりしましたね。次の試合のためのミーティングでは、僕とスティーブの意見を出してあって、これが有効になってくるから、これを練習しようとか、このムーブを使うのが久しぶりだから、多めに練習しようとか、こういった感じでした

――ボーズウィックFWコーチの分析力は具体的にどうすごかったのでしょうか？

伊藤　僕は社会人に入ってから分析するようになって、どちらかというとラインアウトでもディフェンスを重視するタイプでした。ディフェンスで相手のリズムを崩していこうとしていました。

彼の場合は、日本代表の方針と一致させていたのかもしれませんが、アタックに重きを置いていたので、相手のラインアウトのディフェンスをたくさん分析しました。マイボールを獲得できないと日本代表のポゼッションラグビーをできない。だから、スティーブの分析は相手のディフェンスの細かいところまで見ていて、この選手はトラッキング（ラインアウト時のボールを投げる前の移動）がうまいけど、最後、ジャンプのところでは、バランスよく飛べていないとか、逆にジャンパーとしては脅威だけど、スピードは遅いとか、フロントローがいる場所をチェックして、そこのスポットを試合の序盤は狙っていくとか……アタック時のラインアウトは成長しましたね。

――伊藤選手は出場していませんでしたが、ワールドカップの南アフリカ戦の最後のトライ以外の2本のトライの起点はラインアウトで、しかもLOトンプソン ルーク選手が取っています。

伊藤　そうですね。南アフリカ戦はバランスよく投げられていました。その時、その時、コールを出すので、その状況でベストなコールを出しています。空いているスポットにすばやく投げるのが日本代表のラインアウトでした。とにかく、世界と比べると背が低いので判断のスピード、動きのスピード、ボールのスピードもありますし、スピード重視でしたね。

――エディー・ジョーンズHCは、2012年4月の合宿2日目から「世界と戦うためにはスクラムとラインアウトは9割の成功率が必要」と言っていました。

伊藤　実際、そういった結果になったから、勝利につながったということですね。それだけいっぱい練習しました。試合の流れの中で、息が上がった状態でも、冷静に速く判断することは、なかなか大変です。今でも試合前ナーバスになりますが、試合に入ると、それだけ準備していたからこそ、割とうまいことできますね。

――FWは2015年になってから、グラウンド練習前に、必ずフィジカルトレーニングをやっていましたね。

伊藤　フィジカルトレーニングだけでなく、フィットネストレーニングと混ぜてやることもあったし、息がアップアップになった状態ですぐラインアウトの練習をしたり、そこからフィットネス練習に戻ったりもしましたね。つまり、酸欠になった状態で、頭を働かすといった細かいところも、結局、準備に含まれていましたね。やはり、セットプレーを強化しないと世界では戦うことはできませんから。

――ラインアウト以外に、エディー・ジョーンズHCの指導で驚いたことなどはありましたか？

伊藤　内容が濃すぎて、4年間でしたが正直、倍の8年くらい過ごした気分です。日本代表はチーム全体で、リザーブも含めて戦っていた印象が強いですね。

エディーの教え方は、いろんなアプローチからしてくれるのでわかりやすかったです。落とし込み方も映像のほうが良い場合や、図のほうがわかりやすい場合もありますし、常に選択肢があるのが選手にとって良かったですね。また大会前にイングランドを視察するなんて、今までなかったことでしたし、エディーはいろんな準備を完璧にする人でしたね。また、小さなところもこだわる人でしたね。ラグビーのトレーニングにしても、些細な問題があれば、プレー自体の問題なのか、意思疎通の問題なのか、細かく見ていました。その積み重ねがあって、4年かけてチームができあがったと思います。

その時々の勝敗はあれど、チームとして戦術に対して不信感やブレみたいなものはない4年間でしたね。

――改めて、この4年間は、どんな時間でしたか？

伊藤　本当にいろんな思い出があります。ほとんどが、汗ダラダラになりながら、今日もきつかったなという4年間でした。でも、たまにビッグマッチで勝つことができて、みんなと喜び合えて、最後の極め付けには南アフリカ代表に勝てた。一生懸命やると、夢が実現するんだということを、身をもって体験することができたかな。とてつもなくでかい夢も、こうした日々の繰り返しの努力で近づいてくるし、手に入るんだなと実感できました。

INTERVIEW

日本ラグビーの歴史を変えるという〝大義〟が南アフリカ戦の勝利に結びついた

廣瀬俊朗

元東芝ブレイブルーパス

北野高校、慶應義塾大学から東芝へ。高校、大学、社会人でキャプテンを経験。2012年日本代表に選出され、最初の2シーズンは主将を務める。2015年シーズン終了後に現役引退。

エディー・ジョーンズHCとの衝突と、チームの醸成

——廣瀬選手といえば、2013年のウェールズ戦で勝利し、ノーサイド直後、菊谷崇選手に抱え上げられていた瞬間をよく覚えています。

廣瀬　日本ラグビーが変わりつつあるということを日本で見せることができた一戦でした。あの試合があったからこそ、ワールドカップの南アフリカ戦の勝利につながったと感じています。ウェールズ戦は一つの転機でしたし、その試合でキャプテンとして、うまくチームをリードできたのではないかと思います。

——どの辺りが、ワールドカップにつながったのでしょうか？

廣瀬　ウェールズ代表に勝ち、自分たちもやれる！という自信を得ることができました。何より日本のファンの前で勝てたのが良かったですね。それまで、日本代表の試合でスタジアムがいっぱいになることはなかったですが、あの時は秩父宮ラグビー場が満員になって、ファンの人たちと一緒にすばらしい勝利を共有できました。この試合で、日本代表を応援しようという空気が生まれてきたのではないでしょうか。

——岩渕健輔GM（ゼネラルマネージャー）も、エディーJAPANはまず、ウェールズ戦を目標にしていた、マイルストーンにしていたということでした。

廣瀬　エディーが日本代表のヘッドコーチになりウェールズ戦が決まってから、そこを目標にしていました。彼はずっと「ウェールズ代表に勝つ」と言っていましたね。

——キャプテンをやっていく中で、1年目、不安とかはなかったのでしょうか。

廣瀬　東芝でもキャプテンの経験はあったので、『どういう風にチームを率いていくか』というビジョンはもうできていた。だから不安はなかったですね。日本代表にはいい仲間が集まっているし、エディーの指導は明確で大義もあった。あとは僕らがハードワークしていくだけだったので、自分たちがやるかやらないかだけでした。成功体験はあまりなかったので、ちょっとずつ自信をつけていきましたね。そういう意味では、４年間のマッチメイクも良かったと思います。

――エディー・ジョーンズＨＣに怒られたこともありましたか？

廣瀬　エディーが選手たちの気を引き締めるために、あえて怒るということはよくやっていたと思います。選手と意見が食い違ったことや、コミュニケーションミスもいくつかありましたね。

　例えば２０１３年のウェールズ戦が終わって、カナダ戦の前日。エディーに相談せず、選手たちだけで勝手にあるプレーのサインを決めてしまいました。具体的に言うと、22メートルの外にラックができた時、22メートルの中に入れてからキックを蹴るというオプションでした。試合中、苦しい時か状況が良くない時に使うために作ったサインでしたが、エディーは「ナンセンスだ」と。もちろん、このサインはカナダ戦では使わなかったですね。

――今から振り返って、エディー・ジョーンズＨＣがワールドカップを見据えてやっていたなと思うことはありますか？

廣瀬　就任当初は自分たちのベーシックな部分を強化しました。シェイプといったアタックのストラクチャーもそうだし、世界一のフィットネスが必要ということで、ずっと持久力を上げるトレーニングをやっていましたね。最初の2年間はまずエディーが言っている内容を理解して、ベースを作る期間でした。僕もワールドカップは未経験でしたし、エディーは2回ほど経験していたので、自分は彼を信じてやるだけだと思っていました。

――日本代表の練習は「世界一苦しい」と言われました。

廣瀬　練習の内容以上に、回数が多かったのはきつかったですね。５時半に起きて、1日4回も練習したこともありましたし、エディーのプレッシャーも大変で、ミスもできない中で、かなり追い込まれました。ただ試合をすると、僕らのパフォーマンスが良くて、対戦相手は徐々に疲れていくんです。それは練習の成果として、僕らに自信を与えてくれました。そういう意味では彼の４年間のプランニングがすばらしかった。

――４年間で一番きつかった時期はどこでしょうか？

廣瀬　２０１５年の6月でしょうか。合宿とスーパーラグビーとの契約が重なってしまいました。また協会サイドから条件面など明確に提示されている状況ではなかったのに、それでも契約してほしいと言われた。日本ラグビー協会やジャパンエスアールの人も初めてのことで、なかなか交渉がうまく進んでいなかった。だから選手たちが一つにまとまって、ＩＲＰＡ（国際ラグビー選手会）に連絡して、契約に関してのお願いをしました。そうしたら、エディーが「俺は全然知らなかった」と怒り出して……（著者注：エディー・ジョーンズＨＣは当時スーパーラグビーチームの強化担当職も兼任していた）。

　僕らがスーパーラグビーの参加を壊しにかかっているという印象を持ったようでした。怒りは僕の予想以上でした。エディー自身も日本ラグビー協会に対して少しストレスを感じていたこともあり、スーパーラグビーのチームを発足させないといけなかったから、無理やり僕らにもいろいろ言ってきたんだと思います。

「そんなことをやっている場合じゃないだろう。もうすぐワールドカップもあるのに」という感じでした。ただ6月にエディーとぶつかって、7月にスーパーラグビーの選手が戻ってきて、いろいろと話し合い、チームがまとまった。そのチームが8月に醸成されて、ワールドカップギリギリのところで間に合ったという感じでしたね。

歴史を変えるという気持ちがあったから

――南アフリカ戦前に「勝つ」雰囲気はありましたか？

廣瀬　みんな南アフリカ代表と対戦したことがないので、わからないですよ（苦笑）。僕も勝つと思っていなかったし、みんなもそうだったと思います。ただ自分たちはいい準備をしてきたし、最高の100パーセントの試合ができれば勝つチャンスはあるかなという感じでした。

――エディー・ジョーンズHCは就任当初「キックを使わない」と言っていましたが、ワールドカップになるとキックもうまく織り交ぜていましたよね。南アフリカ戦ではそれが顕著でした。

廣瀬　実際、最後にワールドカップに勝たなければいけないとなった時に、何が一番リスクになるのかという点で判断しました。特に南アフリカ代表は、蹴ったら蹴り返してくるのはわかっていました。それなら日本代表も蹴っていいのでは？　という結論になりました。バランスを考えながらの決断だと思います。

――南アフリカ戦の勝利に結びついたと要因は何ですか？

廣瀬　やはり、このチームに大義があったからじゃないですかね。2019年のワールドカップに向けて、日本ラグビーの歴史を変えるという気持ちがあったから頑張れた。2012年に日本代表のキャプテンになった時からずっとそうしたいと思ってやってきました。

――岩渕GMもそうおっしゃっていたのですが、ワールドカップでエディー・ジョーンズHCが辞めるといった影響もありましたか？

廣瀬　それも一つの転換点でしょうね。やはり有終の美を飾ってほしいと思いました。正直に言って、この4年間、練習がハードなのはいいのですが、エディーが必要以上に選手へきつくぶつかるなど、メンタルの追い込まれ方がきつかったこともありました。これをあと4年間続けるとなった場合、おそらくもたない選手がいたでしょう。逆説的ですが、エディーがワールドカップで辞めると決まった時、やはりこのチームを強くしてくれたのは彼だという思いがすごく出てきたのだと思います。

――2戦目のスコットランド戦についても伺います。試合前の準備面で難しさはありましたか？

廣瀬　今までと環境が一変しました。自分たちが成し遂げたことがあまりにも大きくて、そこへの対応が未経験で難しかったです。また物理的にも中3日での移動もあって、すごいタフだった。南アフリカに対してはずっと準備をしていきましたが、中3日でスコットランドに対しての準備はなかなかきつかったですね。もちろんコーチたちは準備していたと思いますが、僕ら選手は初戦の南アフリカ代表のことばかり考えてきました。エディーも基本的には初戦が一番大事で、そこで自信が持てるかどうかだと言っていたし、僕自身もそう思っていましたから。

——改めて、エディー・ジョーンズHCはどんな指導者でしたか？

廣瀬　覚悟、情熱をもって指導してくれました。日本ラグビーの変革期には必要な指導者でした。あそこまでできる人はなかなかいないので、尊敬しています。エディーじゃなかったら、ワールドカップで3勝することはできなかったと思います。僕も日本人なので衝突は嫌ですし、できれば、やんわりいきたいという気持ちは根本にはあります。ただエディーを見てきて、人は時として、厳しいことも言わないといけないと学びましたね。

——2015年度をもって廣瀬選手は現役を引退されました。今後のキャリアについて、教えてください。

廣瀬　自分たちが掲げた大義を成し遂げられて、最高でした。日本ラグビーが変わりつつあり、日本代表は、子どもたちが憧れる存在になることができました。子どもたちが五郎丸ポーズをして、大人にも勇気を与えられることができて、今までラグビーをやっていた人がみんな「俺、昔、ラグビーやっていたんだ」と堂々と言えるようになりましたね。これからもラグビーには何らかの形で関わっていきたい。選手会をしっかりと形にして、その後はコーチングなのかマネジメントなのか、今、それを少しずつ考えはじめています。

——2019年までの4年間、日本ラグビーには何が必要でしょうか？

廣瀬　ラグビー協会と力を合わせて日本ラグビーを一緒に変えていくことですかね。昨年11月のトップリーグ開幕戦のチケット問題もありましたし、レフリーの環境問題もずっと続いている。何かしら選手のほうからサポートする必要が出てくると思います。

——改めて、エディーJAPANの4年間を振り返ってください。

廣瀬　ラグビー人生の中でベストな4年間でした。きつかったけど、それ以上のものを得ることができました。一生の仲間ができました。ワールドカップではベスト8にはいけなかったけど、3勝というすばらしい結果が出た。これ以上言うことないくらいですが、人生はまだまだ続きます。もっと自分自身を成長させたいですし、ワールドカップとは違った思い出をこれから作りたいと思っています。

写真：斉藤健仁

INTERVIEW

直前のジョージア戦で勝ちとった自信 南アフリカ戦は「いける！」と思った

リーチ マイケル

東芝ブレイブルーパス

ニュージーランド出身。札幌山の手高校、東海大学から東芝へ。2014年4月、日本代表キャプテンに指名され、ワールドカップには4試合出場。チーフスでもプレーしている。

エディーJAPANで培った自信

――エディーJAPANの4年間を振り返って、ターニングポイントになった試合を教えてください。

リーチ　2012年11月のルーマニア戦とジョージア戦ですかね。この2チームに勝てたのは大きかった。それまで日本代表はヨーロッパで勝ったことがなかったですから。それに自分たちよりも、サイズの大きな選手を相手に良い内容の試合ができた。当時はトシさん（廣瀬俊朗）がキャプテンでしたが、このラグビーをやれば勝てるという確信を持てました。

――2012年当初、エディー・ジョーンズHCに対して、戸惑いはありませんでしたか？

リーチ　もちろんありましたよ。僕は特に（アタック・）シェイプが……。決まり事の多いラグビーが最初は好きになれなくて、だけどシェイプをやらないと勝てないとわかったので、自分のプレースタイルに入れようと努力しました。

最初は10シェイプから同じアングルばかりで、慣れるまでに時間がかかりました。でもルーマニア戦の試合時、試合中のボールキャリーは一番多かったですね。

――2013年の出場は、6月のフィジー戦だけでしたね。この試合で後半ケガをしました。試合後、エディー・ジョーンズHCが「一番教えていない選手が一番良くやった」と怒っていました。

リーチ　試合後に聞きました（苦笑）。フィジー戦は、（スーパーラグビーの）チーフスに行った後だったので、状態はまあまあでしたね。

――その後のウェールズ戦の第2戦で歴史的勝利を挙げます。

リーチ　足首を骨折したため、帰国して入院していましたが、ウェールズ代表に勝ったのはすごくうれしかったですね！　相手が格上だったし、何よりトシさんがチームをまとめるのに、すごく苦労していましたから。

――そして2014年を迎えます。

リーチ　4月のフィリピン戦から日本代表に復帰しました。印象に残っているのは、6月のカナダ戦かな。前半、相手に立て続けにトライを取られましたが、後半から立て直して、CTB田村（優）も頑張ったし、リーダー陣が力を発揮できましたね。振り返れば、マオリ・オールブラックスとの2戦目こそ個人技にやられて負けましたが、ワールドカップに向けて、少しは自信がついた試合になりました。特にBKはそうだったと思います。1試合目は蹴らずにひたすら攻め続けました。2試合目は蹴るオプションや、僕が逆目に立ったりしてオプションを増やしたらバランスが良くなり、だいぶいい感じになりました。

キャプテンを務めてからは、2014年のカナダ戦とマオリ・オールブラックスの2戦をよく覚えていますね。エディーとも密に話しました。エディーはずっと「マオリ・オールブラックスとの2戦目に負けたのは良かった。勝てたら変な自信がついて天狗になっていたんじゃないか」「惜しい試合をして負けたから、まだまだいい練習ができる」とも言っていました。

2014年の11月のジョージア代表で負けたのも一つのきっかけにはなりました。前年のオールブラックス戦や2014年6月のイタリア戦でも相手を押して、自信が芽生えてきたところで一気にやられました。2015年、ハタケさん（畠山健介）がずっと「ジョージアのスクラムを思い出さなきゃいけない。こんなもんじゃないぞ」と言っていました。そして、2015年9月、ワールドカップ直前にジョージア代表ともう1回対戦して、安定したスクラムを組めて、かなり自信を深めましたね。3年間、ジョージア代表に勝って負けて勝って、FWにとっては重要な経験でした。

スーパーラグビーとの両立

――話を少し戻します。2015年、リーチ主将はチーフスに再挑戦して大活躍をおさめ、7月に代表に合流しました。

リーチ　国内で練習していたみんなは、エディーのきつい練習に耐えて、疲れていてもしっかりとプレーができていた。前年はちょっときつくなったら、ラインアウトでのミスやハンドリングミスが増えていたけど、それがなくなっていました。「（これだけ疲れていても）まだ練習できるの？」と驚いたくらいです。話に聞いていましたが、「俺、絶対この練習ついていけないわ」と思いましたからね。「これ毎日やっているの？」とみんなに聞いたら、「そうだよ。これ以上やっていたから」と……びっくりしました。

PNC（パシフィックネーションズ・カップ）はカナダ戦とアメリカ戦は欠場して、7月末のフィジー戦から出場しました。この時期はスーパーラグビー組が戻ってきて、まだあまり選手同士がかみ合っていなかった。フミ（SH田中史朗）さんとコウセイ（小野晃征）もうまくいっていなかった。また（練習して）かなり疲れていた状況の中で試合をして、PNC後に日本に帰ってきて戦った世界選抜には叩きのめされました。当時は、不安になっていたかもしれません。世界選抜戦はもっといい試合ができるかなと思っていたんですけど……。

――そういった状況下で、どの辺りから選手たちに自主性が出てきたと思いますか？

リーチ　ワールドカップのメンバーが決まる前はピリピリしていました。31人のメンバーが決まってからみんな責任感が出てきて自主性が強くなりましたし、集中力が上がりましたね。イングランドに行ってからリーダーグループのリーダーシップも良かったです。俺としては、キャプテンをやるにしてもプレーするにしても、チーフスでの経験がかなり重要だったと思います。

リーダーだけでなく他の選手たちも「自分たちが勝つために何をやらないといけないのか。何が足りないのか」ということを考えて整理して明確にするということを徹底してやりました。たとえば、ボールキャリーは低く入ってドライブしないとやられてしまう、タックルを上へ行くとやられる、あるいはブレイクダウンの姿勢を低くして質も上げないといけない、BKはしっかりとスペースに蹴らないといけないとか、そういった意識を持つことができるようになりました。

――それでも、ワールドカップの南アフリカ戦のキャプテンズラン（前日練習）でエディー・ジョーンズHCが怒ったそうですね。

リーチ　南アフリカ戦のキャプテンズランは一番重要だと言われていたのに気を抜いていた選手がいたので、確かに怒っていましたが、その前から選手たちが自主性をもってやっていました。怒られましたが、リードしていたのは選手たちでした。彼は褒めるところは褒めて、選手にちょっと余裕が出てきたなと思ったら雷を落とす。特に現状に満足している選手には厳しかったです。

――いつもきついことを言われて、大変ではなかったですか？

リーチ　つらいですよ。でも怒った理由はだいたいわかりますし、エディーは言った後、ちゃんとフォローがあります。ほったらかしにはしません。やっていくうちに、そういう部分も徐々にわかってきたし、普通に話せるようにもなりました。

――最後まで、エディー・ジョーンズHCに「管理されていた」と言っている選手もいました。

リーチ　そう思っている人も、思っていない人もいるでしょう。俺の印象としては、エディーは全部を管理したい指揮官でした。その中で自分自身が自由にできる部分をどうするか、考えていました。

――SH田中選手は「良いプレーをしていれば何も言われないとも言っていました。

リーチ　そうです！　プレーの判断に関しては、ちゃんとした理由があれば何も言われませんでした。ただ、判断もなく勝手に蹴ったりすれば、やっぱり怒りますけどね（苦笑）。

――ワールドカップの初戦は、強豪の南アフリカ代表でした。

リーチ　不安はなかったです。どちらかといえば楽しみでした。「このくらいの練習をやったから、持っているものを全部試合で出したい」と思っていました。南アフリカ戦で全部出せたら、次の試合も全部出そうと。あの時は、最初のプレーから、みんながすごい体を張って、ひたむきにタックルに行って、ボール持ったらブレイクしたりドライブしたり……。「このチーム、すごい！」

と思いました。

——最後のトライの前の19次攻撃がすごかったですね。

リーチ 相手がシンビンになる前のプレーですよね。みんな、すごかったですよ。試合を通してBKはほとんどミスしなかったです。ミスをしたのは俺くらいです（苦笑）。ただ、これからの4年間、また同じことをやれと言われたら、みんなできないですよ。今後は、練習量だけでなく、プランニングが大事になってくるでしょうね。

——南アフリカ代表に勝てた要因はどこにあると思いますか？

リーチ 一番は「勝つ」というマインドセットを持つことができたことですね。FWとしては、ブリストルの合同練習で相手とケンカするくらい真剣にやって、スクラムも押せたし、モールも良かった。直前のジョージア代表戦に勝って、自信につながった。「行ける！」って思いましたね。この4年間、日本代表は良い試合を組んでいましたね。イタリア代表、マオリ・オールブラックス、ルーマニア代表、ジョージア代表と対戦相手のバランスも良かった。他にもスコットランド代表やニュージーランド代表、ウェールズ代表とも試合ができて、チームにとって重要な経験ができました。

——改めてエディー・ジョーンズHCのすごかったところを教えてください。

リーチ 4年間のプランニングとビジョンです。こういうチームを作りたいという絵が具体的で、ブレなかった。試合前に何か突然、変えることはなかったですし、（タックルのスポットコーチの）髙阪（剛）さんや（メンタルコーチの荒木）香織先生も最後までチームに呼んでいたように、エディーは一貫性をとても大事にしていました。あとエディーは、腹黒いというか白黒ハッキリしています。必要ないものはやらないですね。

——どういった部分を次の日本代表につなげていきたいですか。

リーチ 今日本代表が持っている勝つ文化をそのまま次のチームにつなげたいですね。難しいかもしれませんが、立川（理道）、松島（幸太朗）、稲垣（啓太）らがいるので続くでしょう。

——エディー・ジョーンズHCはイングランド代表の指揮官になりました。

リーチ いつでも相談できますよ。4年間が終わった時もそんなに寂しい感じはしませんでした。キャプテンという立場でなければ難しいと思いますが、僕は会おうと思えば会いに行けますから。

——2011年の大会と、今大会の違いはどこに感じますか？

リーチ 前回は勝てなかった（1分3敗）から、今回は同じようなミスを繰り返さないようにというのが何となくありました。ワールドカップに出場するプレッシャーや、本番でどういう試合をしないといけないかということもわかっていました。

——次期日本代表のヘッドコーチに、2016年までハイランダーズを率いているニュージーランド人のジェイミー・ジョセフ氏が内定しました。

リーチ 日本代表をどういったチームにしたいのか、一度、ニュージーランドでゆっくり話したいと思います。

斉藤健仁（さいとう けんじ）

1975年生まれ、千葉県柏市育ち。大学では西洋史学を専攻。印刷会社の営業を経て、ラグビーとサッカーを中心に執筆するスポーツライターの道へ。エディー・ジャパンの全試合を現地で取材を敢行した。ラグビー専門Webマガジン「Rugby Japan 365」「高校生スポーツ」の記者も務める。学生時代に水泳、サッカー、テニス、ラグビー、スカッシュを経験。『世界のサッカー愛称のひみつ』（光文社新書）『世界最強のゴールキーパー論』（出版芸術社）『ラグビー 「観戦力」が高まる』（東邦出版）『田中史朗と堀江翔太が日本代表に欠かせない本当の理由』（ガイドワークス）『ラグビーは頭脳が9割』（東邦出版）『エディー・ジョーンズ4年間の軌跡―』（ベースボール・マガジン社）『突破!リッチー・マコウ自伝』（東邦出版　共訳）など著書多数。Twitterアカウント@saitoh_k

協力	日本ラグビーフットボール協会 ラグビー専門Webマガジン「Rugby Japan 365」
取材協力	パナソニック ワイルドナイツ、東芝ブレイブルーパス、 神戸製鋼コベルコスティーラーズ、キヤノンイーグルス、サントリーサンゴリアス
カバー・本文デザイン	kumagaigraphix
カバー写真	Getty Images
本文写真	斉藤健仁、齋藤龍太郎
編集	滝川 昂（株式会社レッカ社）
編集協力	齋藤龍太郎、舩田佳代子

ラグビー日本代表　1301日間の回顧録

発行日　2016年6月11日　初版

著　者　斉藤 健仁
発行人　坪井 義哉
発行所　株式会社カンゼン
〒101-0021
東京都千代田区外神田2-7-1 開花ビル
TEL　03（5295）7723
FAX　03（5295）7725
http://www.kanzen.jp/
郵便振替　00150-7-130339
印刷・製本　株式会社シナノ

ISBN 978-4-86255-353-9　Printed in Japan
定価はカバーに表示してあります。
本書に関するご意見、ご感想に関しましては、kanso@kanzen.jpまでEメールにてお寄せ下さい。お待ちしております。